TRAE, QUE YA LO HAGO YO, IDIOTA

CÓMO SER UN BUEN LÍDER, TRABAJAR EN EQUIPO Y CREAR UN AMBIENTE LABORAL EXITOSO

TRAE, QUE YA LO HAGO YO, IDIOTA

CÓMO SER UN BUEN LÍDER, TRABAJAR EN EQUIPO Y CREAR UN AMBIENTE LABORAL EXITOSO

JULIO LIARTE

ESPASA

Espasa, sello editorial de Editorial Planeta, S. A.
Avda. Diagonal, 662-664, 08034, Barcelona
www.espasa.es
www.planetadelibros.com

Primera edición: mayo de 2025
ISBN: 978-84-670-7756-8
Depósito legal: B. 7.319-2025
Preimpresión: Safekat, S. L.
Impresión: Huertas, S. A.

PEFC Certificado
Este libro procede de bosques gestionados de forma sostenible
PEFC
PEFC/14-38-00305
www.pefc.es

A mi extraordinaria compañera en la vida, Denisse,
pues ella me enseñó las reglas del liderazgo sin ni siquiera
pretenderlo; lo hizo con el ejemplo. Gracias por inspirarme.
¡Te quiero!

A mis padres, Julio y M.ª Ángeles,
pues, con su ejemplo, me enseñaron el poder de los principios.
Me he convertido en el hombre que soy gracias a vosotros.
¡Os quiero!

ÍNDICE

Introducción

NO ERES EL PUTO JEFE, ¡ERES EL LÍDER!

Bienvenido, valiente. Si estás aquí es porque quieres ser algo más que el tipo o la tipa que da órdenes desde su silla y espera que el mundo se mueva a su alrededor. Deseas ser un líder, uno de esos que hacen que la gente se levante y diga: «¡Vamos a ello!» sin que les pese. Quieres ser la persona que hace que los demás se sientan motivados, que encuentran en ti una razón para esforzarse y dar lo mejor de sí mismos. Pero vamos a poner algo en claro desde el principio: ser líder no es ser un superhéroe, ni un gurú que tiene todas las respuestas. No se trata de tener una capa invisible ni de ser el oráculo que todos consultan para resolver sus problemas. Ser líder es saber qué preguntas hacer y cómo inspirar a otros a que encuentren esas respuestas contigo. Es ser el puente que conecta ideas y personas, el faro que guía a otros en medio de la incertidumbre.

Ser un verdadero líder también implica entender que no todo es glamour y grandes discursos motivacionales. Liderar significa estar dispuesto a escuchar, incluso cuando no te gusta lo que oyes. Significa tomar decisiones difíciles, a veces impopulares, porque son las mejores para el equipo a largo plazo. Un líder tiene que aprender a caminar sobre esa delgada línea entre ser firme y ser comprensivo, entre tener una visión clara y ser lo suficientemente flexible para ajustar el rumbo cuando sea necesario. Liderar no es para los que buscan solo el reconocimiento, porque muchas veces tendrás que estar detrás de tu equipo, empujándolos a brillar mientras tú permaneces en la sombra.

Y aquí hay otra verdad que quizá no te guste: ser líder también es aprender a gestionar tus propios miedos e inseguridades. Todos los tenemos, sí, incluso los líderes. Pero la diferencia está en cómo los enfrentamos. Un líder no se paraliza por el miedo; lo usa como motor, como señal de que está empujando sus propios límites y los de su equipo. Ser líder implica ser capaz de mirar al miedo a los ojos y decirle: «Sí, estás aquí, pero no me vas a detener». No es cuestión de no sentir miedo, sino de ser más grande que él. Es ser capaz de admitir cuando te equivocas, de reconocer tus propios límites y de apoyarte en las fortalezas de otros para superarlos.

Si estás aquí es porque sabes que liderar es un desafío constante, que requiere de ti más allá de las capacidades técnicas o del conocimiento académico. Se trata de ser capaz de conectar con las personas, de verlas como algo más que recursos y de entender que detrás de cada miembro de tu equipo hay un ser humano con aspiraciones, temores y sueños. Se trata de construir un entorno donde todos se sientan valorados, donde cada persona pueda desarrollarse plenamente, sin miedo a cometer errores. Porque, ¿sabes qué?, vas a cometer errores. Ellos también. Pero en vez de castigarlos por eso, tu tarea como líder es ayudarles a aprender de esos tropiezos, a crecer y a mejorar. Es un proceso continuo de aprendizaje mutuo, donde también tú, como líder, estás en constante evolución.

Así que, si estás dispuesto a arremangarte y trabajar duro, a aceptar que no siempre tendrás todas las respuestas, pero que siempre estarás dispuesto a buscarlas junto con tu equipo, entonces estás en el lugar correcto. Aquí aprenderás a ser más que un jefe. Descubrirás cómo ser un guía, un facilitador, un catalizador de cambios positivos. Aprenderás a hacer que cada momento, cada reto y cada éxito valgan la pena. Porque liderar no va solo sobre alcanzar objetivos, va sobre las personas con las que llegas a esos objetivos y cómo las inspiras a alcanzar su mejor versión en el proceso.

Desmontando el mito del líder todopoderoso

Olvídate de esa imagen del jefe que lo sabe todo, que no duda nunca y que tiene siempre el control. Ese mito te está haciendo más daño que bien. Los buenos líderes no son los últimos en apagar la luz porque tienen que supervisarlo todo. Los buenos líderes saben que no pueden con todo y, lo más importante, no quieren hacerlo todo. De hecho, entender tus limitaciones es uno de los pasos más valientes y cruciales en el camino del liderazgo. No se trata solo de reconocer lo que no puedes hacer, sino de tener la inteligencia emocional para aceptar que siempre habrá alguien que pueda hacerlo mejor que tú en ciertas áreas. Y eso no es debilidad, eso es liderazgo auténtico.

La verdadera magia del liderazgo radica en reconocer tus limitaciones y rodearte de un equipo que las supla. Ese equipo debe ser lo suficientemente fuerte y diverso para complementarte en cada aspecto, aportando habilidades que tú no tienes y perspectivas que nunca habrías considerado. Aquí es donde el líder se diferencia del jefe: un buen líder está tan seguro de sí mismo que no necesita ser el mejor en todo. Necesita ser lo suficientemente sabio para encontrar a quienes sí lo son. Que sean incluso mejores que tú en cosas específicas.

Es hora de quitarse el disfraz de sabelotodo y aceptar que el verdadero poder del liderazgo está en confiar, inspirar y guiar, no en dominar. Los líderes todopoderosos solo existen en las películas, y hasta ellos tienen un equipo detrás. La realidad es que ningún líder, por más brillante que sea, puede hacerlo todo solo. La confianza en el equipo es la clave. La capacidad de inspirar a otros, de delegar y de reconocer cuándo necesitas ayuda, es lo que te lleva de ser un simple jefe a un verdadero líder. Y no se trata solo de obtener resultados, sino de cómo los obtienes, de cómo haces sentir a tu equipo en el proceso. El respeto y la lealtad que ganas cuando dejas el control en manos de otros y te enfocas en guiar y apoyar es lo que realmente marca la diferencia.

Un buen líder también sabe cuándo apartarse del camino y dejar que otros brillen. No se trata de microgestionar cada detalle, sino de permitir que los talentos florezcan y se desarrollen. Cuando dejas que otros tomen el protagonismo y les das espacio para ser creativos, el equipo crece, la confianza se refuerza y los resultados se multiplican. Y no hay mejor sentimiento que ver cómo tu equipo se supera a sí mismo, cómo juntos logran cosas que ninguno podría haber alcanzado solo. Ese es el tipo de liderazgo que queremos cultivar: uno donde todos ganan, donde la conexión y el compromiso se convierten en el motor del éxito.

Ser jefe no te hace ser un líder

Ser jefe es fácil. Te dan un título, una oficina (o al menos un escritorio más grande), y «boom», ya eres jefe. Pero ¿significa eso que la gente te respeta, te sigue y se siente inspirada por ti? ¡Ni de coña! Ser jefe te da autoridad, pero ser líder requiere ganarse la influencia, requiere ganarse el respeto y el corazón de las personas que trabajan contigo. Ser líder es estar presente, ser coherente y tener la capacidad de conectar con cada individuo de tu equipo. Es entender sus necesidades, preocupaciones y aspiraciones, y saber cómo ayudarlos a alcanzar sus objetivos, tanto individuales como colectivos.

La diferencia entre un jefe y un líder es enorme: un jefe manda y espera obediencia; un líder inspira y motiva para que los demás quieran seguirlo. Un jefe ve a sus empleados como recursos, mientras que un líder los ve como personas, como aliados en la misión común. Un jefe se preocupa por mantener el control, mientras que un líder se enfoca en construir relaciones basadas en la confianza y el respeto mutuo. Este libro no es para enseñarte cómo dar órdenes. Si estás aquí para aprender eso, mejor cierra el libro y vete a leer un manual de gestión de procesos aburrido. Aquí no vamos a hablar de cómo imponerte, sino de cómo conectarte, de cómo ser esa chispa que enciende el motor de todo el equipo.

Un ejemplo claro de esta diferencia lo podemos ver con Steve Jobs y cómo lideró Apple. Jobs no era el típico jefe que daba órdenes y esperaba resultados sin más. Aunque tenía fama de ser exigente, lo que le diferenciaba era su capacidad para inspirar a su equipo, para hacer que se atrevieran a pensar fuera de lo común y lograran lo aparentemente imposible. Les daba una visión clara, pero también el espacio necesario para crear e innovar. Es famosa la anécdota de cuando desafió a los ingenieros a hacer el primer iPod más delgado de lo que ellos creían posible. Cuando se quejaron de que no había manera de hacerlo, Jobs simplemente tiró el prototipo en un acuario y empezarón a salir burbujas de aire. «¿Veis eso? Son burbujas de aire. ¿Sabéis lo que significa? Que hay aire dentro. Hay espacio. Aprovechadlo», les dijo. No era simplemente un acto de autoridad, era una manera de hacer que su equipo viera más allá de las limitaciones y descubriera nuevas posibilidades.

Un líder entiende que su papel principal no es tomar todas las decisiones ni resolver todos los problemas, sino crear un entorno donde cada miembro del equipo pueda brillar, donde se sientan valorados y se atrevan a arriesgar. Un líder eficaz sabe cómo construir un ambiente que fomente la creatividad, donde cada persona sienta que tiene el espacio y el apoyo necesario para experimentar y crecer. Así que olvídate de ser el sargento que nadie soporta, deja atrás ese estilo autoritario que solo genera resentimiento y empieza a pensar como un entrenador que ayuda a su equipo a dar lo mejor de sí.

Ser un líder implica ser la persona que, en lugar de señalar con el dedo los errores, trabaja codo a codo con los miembros del equipo para encontrar soluciones. Es alguien que comprende que los fallos son una parte esencial del crecimiento y que utiliza esos momentos como oportunidades de aprendizaje, tanto para él mismo como para el equipo. Los líderes también son vulnerables y no tienen miedo de mostrarlo. Admitir que no tienes todas las respuestas es un acto de valentía que inspira a tu equipo a ser igualmente auténtico. Cuando lideras con el ejemplo, mostrándote humano y accesible, tu equipo se siente seguro para expresar sus propias ideas y preocupaciones.

Un buen líder, además, tiene una visión clara del futuro y sabe cómo comunicar esa visión de manera que todos se sientan parte de algo más grande. Pero esa visión no es dictatorial; se cocrea junto con el equipo. Escuchar sus ideas y perspectivas ayuda a enriquecer el plan y a fortalecer el compromiso colectivo. Cuando haces partícipes a los demás en la construcción del objetivo, no solo logras mejores resultados, sino que también creas un sentido de pertenencia. Las personas no solo trabajan por un salario, sino porque sienten que están contribuyendo a algo importante, y esa sensación es uno de los motores más poderosos en cualquier equipo.

Otra anécdota interesante es la de Nelson Mandela, quien es considerado uno de los líderes más influyentes y compasivos de la historia. Mandela no era simplemente un jefe, era un líder que inspiraba a través de su ejemplo, de su integridad y de su capacidad de escuchar. Durante su tiempo en la cárcel, Mandela aprendió a entender incluso a sus captores, a escuchar sus miedos y a buscar puntos de conexión. Cuando salió de prisión, utilizó esas mismas habilidades para unificar un país profundamente dividido. No se trataba de imponer su voluntad, sino de conectar con las personas, de reconocer sus preocupaciones y de guiarlas hacia un objetivo común. Mandela lideró desde el respeto y la empatía, no desde el poder o la imposición.

Para ser un líder, por tanto, no se trata de imponer, sino de servir. No se trata de dar órdenes, sino de escuchar y apoyar. No se trata de tener todas las respuestas, sino de tener la disposición de buscarlas junto a tu equipo. Y lo más importante, ser un líder significa ser capaz de inspirar a otros para que sean la mejor versión de sí mismos, incluso cuando las cosas se ponen difíciles. Así que prepárate para soltar el control, para construir un entorno basado en la confianza y el respeto, y para guiar a tu equipo con empatía y visión. Eso es lo que realmente hace a un líder.

¿Qué demonios es el liderazgo hoy en día?

El liderazgo de hoy en día no tiene nada que ver con esos viejos libros de teoría corporativa que huelen a naftalina. No se trata de ser el que tiene la mayor voz, ni el que tiene más años de experiencia acumulados como si fueran medallas. Ser un buen líder en el siglo XXI significa ser adaptable, empático y un poco irreverente. Sí, has leído bien. La irreverencia tiene cabida en el liderazgo moderno. Porque si sigues haciendo lo que siempre has hecho, te convertirás en un fósil corporativo, y nadie quiere seguir a un fósil.

Hoy, liderar implica ser lo suficientemente valiente para aceptar el cambio y lo suficientemente humilde para escuchar a tu equipo. Ser adaptable significa poder cambiar de rumbo cuando la situación lo requiere, aprender de los errores y no tener miedo de decir «no lo sé» cuando sea necesario. La capacidad de adaptación es lo que diferencia a los líderes que sobreviven de los que prosperan. Porque la incertidumbre es la única constante, y el verdadero liderazgo implica aprender a bailar con el caos, sin perder la visión ni la dirección.

Un líder no se mide por cómo maneja las situaciones cómodas, sino por cómo afronta los momentos de caos. Y, créeme, los momentos de caos van a llegar. ¿Qué haces cuando todo se derrumba a tu alrededor? Un buen líder no solo tiene un plan, sino que también tiene la flexibilidad de cambiarlo cuando las circunstancias lo demandan. Además, el liderazgo moderno exige ser valiente para desafiar el *statu quo*, cuestionar las normas establecidas y buscar siempre la mejora continua. No se trata de ser rebelde por el simple hecho de serlo, sino de ser lo suficientemente curioso y crítico como para encontrar mejores maneras de hacer las cosas.

Ser líder significa aceptar que no tienes todas las respuestas, y ser lo bastante listo como para rodearte de personas que te ayuden a encontrarlas. No se trata de tener una armadura perfecta que todo lo sabe, sino de ser lo suficientemente humano como para admitir tus fallos, mostrar vulnerabilidad y convertir esa apertura en una fortaleza. Cuando los miembros de tu equipo vean que tú también te enfrentas a desafíos y que no temes admitir cuándo no sabes algo, generas un entorno de confianza donde ellos también se sienten seguros para ser auténticos y tomar riesgos.

En este libro vas a aprender a liderar sin disfraces ni imposturas, a dejar de ser el «puto jefe» para convertirte en un líder auténtico. Aprenderás a inspirar, a escuchar, a delegar, y, sí, también a cagarla y a levantarte con una sonrisa desafiante. Porque liderar no es un camino lineal lleno de éxitos; es una montaña rusa donde las caídas y los momentos de duda son parte del recorrido. Y, de hecho, son esos momentos los que te definen como líder. Lo importante no es cuántas veces te caes, sino cuántas veces eres capaz de levantarte, sacudirte el polvo y seguir adelante, mostrando a tu equipo que, pase lo que pase, la resiliencia siempre tiene la última palabra.

A fin de cuentas, el liderazgo no es una posición, sino una forma de vivir. Es una filosofía que permea cada acción, cada palabra, cada decisión. Es un viaje donde, si lo haces bien, te llevarás a otros contigo a destinos que ni siquiera habían imaginado. Ser un líder significa hacer del viaje algo memorable, algo en lo que cada miembro de tu equipo se sienta inspirado a contribuir y a crecer. Es ser esa chispa que enciende el potencial de cada persona, convirtiendo los desafíos en oportunidades y las dudas en certezas compartidas.

Así que deja las excusas, prepárate para aprender y para reírte de tus errores (porque los cometerás), y vamos a darle caña. Liderar es complicado, sí, pero también es lo más gratificante que podrás hacer. La satisfacción de ver cómo las personas que te rodean crecen y se superan, la conexión que se crea cuando juntos atraviesan momentos difíciles y salen fortalecidos, eso es lo que hace que el liderazgo sea una de las mejores aventuras que podrías vivir. ¡Arrancamos!

Capítulo 1

SI NO TE CONOCES, ESTÁS JODIDO

«Conocerse a uno mismo es el principio de toda sabiduría».

– Aristóteles

Bienvenido al primer paso para convertirte en un líder de verdad. Si pensabas que todo esto iba de aprender técnicas infalibles para controlar a un equipo o de tener la solución a cada problema, te aviso desde ya: ¡estás equivocado! Ser líder es mucho más que eso, y es fundamental empezar desde lo más básico: conocerte a ti mismo. Lo primero que necesitas es mirarte al espejo y conocer al tipo (o tipa) que te devuelve la mirada. Tienes que ser brutalmente honesto contigo mismo. No se trata simplemente de echarle un vistazo rápido y seguir adelante pensando «todo bien, soy genial, sigamos». Necesitas profundizar, entender quién eres en realidad, qué te mueve, qué te asusta y cuáles son esos pedazos de ti que suelen quedarse en la sombra. Esos miedos, esas inseguridades y esas facetas que prefieres ignorar son las que, si no las reconoces y trabajas en ellas, te acabarán jugando una mala pasada. Liderar sin conocerte a ti mismo es como intentar conducir un coche con los ojos vendados: estás condenado al desastre. Conocer tu propia psicología es lo que te permitirá tomar decisiones inteligentes, comunicarte mejor y mantener la calma cuando las cosas se pongan feas. Un líder que se conoce a sí mismo sabe exactamente cuáles son sus debilidades y cómo compensarlas. Entiende cómo sacar lo mejor de sí mismo y también cómo mantener bajo control esos aspectos que podrían ser contraproducentes si se desbocan. Si no te conoces, estarás actuando a ciegas, sin rumbo, y eso es un camino directo hacia el fracaso.

Otro punto importante es que conocerte a ti mismo también implica ser capaz de aceptar tus limitaciones. Esto no significa que tengas que resignarte a ser menos capaz; al contrario, ser consciente de tus límites te permite aprender, mejorar y rodearte de personas que puedan complementar esas áreas donde tú podrías no ser tan fuerte. Los buenos líderes saben cómo construir un equipo que equilibre sus propias carencias. Al reconocer tus puntos flacos puedes delegar mejor, evitar riesgos innecesarios y permitir que otros brillen donde tú no lo harías tanto.

Y no olvides que conocerte a ti mismo también es el primer paso para ser empático. Cuando entiendes tus propias emociones y reacciones, estás mejor preparado para entender cómo se sienten los demás. Esto es clave en el liderazgo. No eres solo tú, es tu equipo, la gente que espera que tú los guíes. Si sabes cómo reaccionas bajo presión, serás capaz de manejar situaciones similares en otros, lo cual genera un entorno de confianza y respeto mutuo. Conocerte a ti mismo es el cimiento sobre el que se construye cualquier capacidad de liderazgo real y efectiva.

Liderar sin saber quién eres es como conducir a ciegas

Si alguna vez te has sentido perdido en el papel de líder, no te preocupes, todos hemos pasado por ahí. Todos hemos tenido esos momentos en los que parece que no encontramos la brújula y nos preguntamos si estamos realmente hechos para liderar. Pero hay algo que distingue a los que logran salir del pozo: se han atrevido a mirarse por dentro. Se han hecho preguntas difíciles, se han retado a sí mismos y han tenido el coraje de aceptar tanto sus sombras como sus luces. Porque liderar comienza por uno mismo y, sin esa introspección, cualquier esfuerzo por guiar a otros está destinado a ser superficial. Este proceso no es rápido ni fácil, requiere coraje y honestidad y, sobre todo, voluntad para aceptar incluso aquellos aspectos de nosotros mismos que preferiríamos ignorar.

La realidad es que la gente no sigue a robots que vomitan órdenes. No importa cuántas veces intentes parecer infalible, la autenticidad siempre gana. Nadie se inspira con alguien que parece tener una máscara puesta las veinticuatro horas del día, alguien que nunca muestra ni un ápice de vulnerabilidad o humanidad. Para ser un líder genuino, necesitas saber qué te hace humano, cuáles son tus fortalezas y tus debilidades, y cómo aprovechar lo mejor de ti (y trabajar lo peor). Necesitas ser alguien con quien los demás puedan conectar, porque eso es lo que hace que las personas se sientan seguras de seguirte. La autenticidad es el pilar del liderazgo. Sin ella, eres simplemente una caricatura de lo que intentas ser. Si no sabes quién eres, ¿cómo demonios piensas guiar a otros?

Liderar es, en buena medida, ser vulnerable. Esto no significa que tengas que ir llorando por las esquinas contando tus traumas a tu equipo, pero sí que seas consciente de qué cosas te afectan, cómo respondes ante la presión y cómo puedes manejarte mejor. No se trata de ocultar tus defectos ni de intentar ser perfecto, sino de ser suficientemente honesto contigo mismo para reconocer cuándo no estás en tu mejor momento. La vulnerabilidad es lo que te conecta con los demás a un nivel más profundo. Cuando te muestras vulnerable, estás abriendo la puerta para que tu equipo también lo haga, fomentando una cultura de apertura, apoyo y honestidad que es esencial para el crecimiento conjunto. Si no te conoces, estarás reaccionando al azar y eso se nota. Reaccionar de forma impulsiva, sin entender qué te mueve, es una receta para el caos. Un líder que no tiene claro quién es transmite inseguridad, y esa inseguridad se filtra como un veneno silencioso que acaba afectando a todo el equipo. Y aquí viene el golpe duro: esa inseguridad se contagia al equipo de forma sutil, pero constante.

Los equipos que perciben la inseguridad en sus líderes terminan operando con miedo, con dudas, y eso destruye la cohesión. Si tú no estás seguro de ti mismo, ellos tampoco lo estarán de ti, ni de ellos mismos. Esto genera un ambiente de trabajo en el que los errores se ven como amenazas y la creatividad se sofoca por el temor al fracaso. La confianza, la clave del éxito de cualquier grupo humano, se erosiona cuando los integrantes sienten que el barco no tiene un capitán seguro al mando. En este tipo de entorno, la gente tiende a actuar con cautela extrema, evitando riesgos que podrían llevar a innovaciones importantes. Un líder inseguro no solo perjudica su propia credibilidad, sino que también mina la confianza del equipo en sí mismo.

Así que, si alguna vez sientes que liderar te está costando más de lo que debería, empieza por hacer una pausa y mirar hacia dentro. Pregúntate si hay algo que no estás enfrentando sobre ti mismo. Reflexiona sobre cuáles son tus miedos y cómo esos miedos podrían estar influyendo en la manera en la que te relacionas con tu equipo. Pregúntate si estás siendo auténtico, si estás mostrando a tu equipo quién eres realmente o si, en cambio, estás tratando de esconderte detrás de una fachada de fortaleza que no refleja la realidad. La autenticidad no solo te hará un mejor líder, sino que también creará un ambiente en el que cada miembro de tu equipo se sienta con la libertad de ser auténtico también. Cuando un equipo siente que puede mostrarse tal y como es, sin temor a ser juzgado, se fomenta una atmósfera de creatividad y colaboración que puede llevar a este a alcanzar niveles sorprendentes de rendimiento y cohesión.

No subestimes el poder que tiene un líder que conoce y acepta sus propias sombras. Esto no solo inspira confianza, sino que también abre la puerta a una comunicación genuina, a una conexión humana real, y a un liderazgo que no solo guía, sino que transforma. Porque, a fin de cuentas, la gente no quiere un líder perfecto; quiere un líder humano, uno que pueda reconocer sus errores, aprender de ellos y seguir adelante con más fuerza. La verdadera fortaleza no está en ocultar nuestras debilidades, sino en enfrentarse a ellas de frente y utilizarlas para crecer. Además, cuando te atreves a confrontar tus propias sombras y a compartir tus aprendizajes con el equipo, estás dando un ejemplo de cómo manejar la adversidad de manera constructiva, cómo convertir los desafíos personales en oportunidades de desarrollo y cómo no dejarse vencer por los errores, sino aprender de ellos.

Es importante, también, recordar que ser vulnerable y auténtico no significa perder el control o la autoridad. Al contrario, un líder que muestra sus luchas y retos personales con humildad y con un compromiso hacia la mejora continua se gana el respeto de su equipo. Esto es porque la gente valora la honestidad y el esfuerzo por mejorar, mucho más que una fachada de perfección. Cuando el equipo percibe que el líder está en constante crecimiento y es capaz de reconocer sus áreas de mejora, ellos también se sienten motivados a trabajar en sí mismos. Liderar con el ejemplo no es solo sobre los logros visibles, sino también sobre cómo afrontas los desafíos internos.

Es posible que sientas que mostrarte vulnerable puede hacer que los demás piensen que eres débil o que no estás preparado para el liderazgo. Sin embargo, la realidad es que, al mostrarte como una persona real, tu equipo comenzará a verte como alguien cercano, alguien con quien pueden contar no solo para darles instrucciones, sino para entender sus problemas y guiarlos en momentos difíciles. Esta cercanía fomenta un sentido de pertenencia, y el sentido de pertenencia es una de las fuerzas más poderosas para que un equipo sea efectivo. La gente trabaja mejor cuando siente que forma parte de algo más grande, algo significativo, y que su líder está dispuesto a caminar junto a ellos, no por encima de ellos.

Por tanto, el autoconocimiento y la vulnerabilidad son dos herramientas indispensables en el liderazgo. Reconocer nuestras limitaciones y trabajar para mejorarlas nos convierte en mejores líderes, pero también en mejores seres humanos. La clave está en no detenerse, en seguir explorando, en buscar entender cada rincón de nuestra mente y de nuestras emociones. A medida que nos conozcamos mejor, seremos capaces de guiar con más claridad y de inspirar a nuestro equipo para que también se atreva a emprender ese viaje de autodescubrimiento. El liderazgo auténtico no es algo que se construye de la noche a la mañana, es un proceso constante de crecimiento, aceptación y mejora.

Y, finalmente, nunca olvides que ser un líder auténtico es un proceso que no termina nunca. La vida siempre nos está presentando nuevos desafíos, nuevas oportunidades para aprender algo más sobre nosotros mismos. Cada experiencia, cada error y cada éxito es una pieza más del rompecabezas que conforma quiénes somos. Mientras sigas abierto a aprender y a crecer, mientras sigas dispuesto a mirarte al espejo y ser honesto sobre lo que ves, seguirás avanzando en el camino del liderazgo auténtico. Y eso, más que cualquier título o reconocimiento, es lo que verdaderamente marca la diferencia.

La inteligencia emocional no es cosa de yoguis, ¡te hace líder!

Quizá hayas escuchado hablar de la inteligencia emocional y has pensado que es uno de esos conceptos sobrevalorados que los gurús utilizan para vender libros. Pues siento reventarte la burbuja, pero la inteligencia emocional es tu arma secreta para ser un líder efectivo. De hecho, la inteligencia emocional es lo que marca la diferencia entre los líderes que simplemente dan órdenes y aquellos que realmente inspiran y movilizan a su equipo. Saber cómo funcionan tus emociones y cómo se gestionan las de los demás es crucial para crear un ambiente de trabajo sano y productivo. Y no, no estamos hablando de ser el terapeuta de tu equipo, pero sí de ser lo suficientemente consciente como para identificar lo que está sucediendo en la atmósfera emocional del grupo. Se trata de ser consciente de qué pasa cuando alguien en el equipo está frustrado, cuando tú estás agotado, o cuando la tensión está a punto de estallar. ¡Es tu labor estar al tanto y actuar en consecuencia!

Un líder emocionalmente inteligente no solo sabe qué está pasando, sino que tiene la capacidad de influir en esas emociones para que su equipo funcione al máximo. Líderes como tú (o como el que quieres llegar a ser) necesitan desarrollar la capacidad de leer el entorno emocional del equipo y gestionarlo de la mejor manera. Esto no significa que tengas que ser la persona más empática del mundo, pero sí entender lo suficiente como para saber cómo inspirar, calmar o encender esa chispa que tu equipo necesita en cada momento. No se trata de controlar las emociones de los demás, sino de reconocerlas y guiar el ambiente hacia donde se necesita para lograr el mejor rendimiento. Cada miembro de tu equipo es diferente, y eso significa que deberás adaptar tu enfoque según la situación y las emociones presentes. Esto requiere sensibilidad y flexibilidad, pero también un compromiso constante de aprendizaje y mejora.

Piensa en la inteligencia emocional como una herramienta que te ayuda a estar un paso por delante, a evitar que los problemas emocionales se conviertan en barreras que limiten la capacidad de tu equipo. Si un miembro del equipo se siente atacado, su creatividad se desploma. Si un conflicto no es gestionado a tiempo, puede convertirse en una bola de nieve imparable que afecte a todos. Y si tú no gestionas bien tu frustración, podrías acabar tomando decisiones impulsivas que tengan un impacto negativo en el grupo. Todo esto puede evitarse si desarrollas una buena inteligencia emocional. Aprende a conocer tus emociones, a reconocer sus detonantes y a trabajar con ellas. No se trata solo de reaccionar, sino de anticipar cómo te sentirás en ciertas situaciones y preparar estrategias para mantenerte en equilibrio. ¡Verás cómo tu liderazgo se dispara!

Además, ser emocionalmente inteligente te permite empatizar de manera efectiva con las situaciones personales de tus compañeros sin tener que resolverlas por ellos. Imagina que uno de los miembros de tu equipo está pasando por un momento difícil en su vida personal. No se trata de ser su consejero, pero sí de reconocer su situación y ofrecerle el apoyo necesario para que no se sienta solo. Esto genera un sentido de pertenencia y lealtad hacia ti como líder y hacia el equipo. En última instancia, un equipo que se siente emocionalmente comprendido es un grupo más resiliente, más cohesionado y más capaz de superar los retos que se presenten. Cuando los miembros del equipo saben que pueden contar con tu apoyo, se sienten más dispuestos a colaborar y a dar lo mejor de sí mismos. La resiliencia y la cohesión no se construyen en un día, son el resultado de una conexión emocional constante y genuina que se va forjando día tras día.

El concepto de la inteligencia emocional también tiene mucho que ver con ser capaz de manejar tus propias emociones en tiempos de crisis. No siempre vas a estar en la mejor situación, pero si eres capaz de mantener la calma, de ser consciente de cómo te sientes y de no dejar que esas emociones nublen tu juicio, estarás mostrando a tu equipo que se puede confiar en ti. Esta capacidad para mantener la estabilidad emocional en tiempos difíciles es la que diferencia a los grandes líderes de los que simplemente tienen un título. Tus emociones son poderosas, y aprender a usarlas de manera efectiva puede convertirte en un líder que no solo guía, sino que inspira a otros a ser mejores versiones de sí mismos. Cuando eres capaz de manejar la adversidad con ecuanimidad, también enseñas a tu equipo a hacer lo mismo. Les muestras que las emociones intensas son naturales, pero que es posible gestionarlas para seguir avanzando con claridad y propósito. Así, la inteligencia emocional se convierte en un faro de estabilidad en medio del caos.

Por tanto, la inteligencia emocional no es solo una herramienta para gestionar los problemas del día a día. Es también la base para motivar a tu equipo, para identificar oportunidades donde otros solo ven obstáculos, y para conectar con cada miembro de una manera que realmente importe. No se trata de ser perfecto ni de tener todas las respuestas, sino de ser el líder que entiende lo que su equipo necesita y sabe cómo proporcionarlo. Cuando cultivas tu inteligencia emocional, desarrollas una visión más aguda de las dinámicas humanas y de cómo cada individuo contribuye al conjunto del equipo. Esto te permite crear estrategias efectivas que empoderen a cada miembro según sus capacidades y necesidades emocionales. De esta manera, el equipo no solo se vuelve más efectivo, sino que también se siente más valorado y comprometido. Así que empieza hoy mismo: haz una introspección de tus emociones, aprende a reconocer cómo reaccionas, busca activamente oportunidades para mejorar y aplica lo aprendido para el beneficio de todos. Es el secreto para un liderazgo duradero y efectivo. Ser un líder emocionalmente inteligente te permitirá construir relaciones más profundas, motivar de una manera más genuina y tener una perspectiva más amplia de las necesidades de tu equipo. ¡Y, créeme, eso hará que tu liderazgo destaque del resto!

Ejercicio: Desnúdate emocionalmente (sin llorar, ¡eh!)

Vale, vamos al grano. No basta con hablar sobre autoconocimiento e inteligencia emocional. Necesitas actuar. Aquí tienes un ejercicio que te pondrá frente al espejo, sin filtros ni disfraces:

1. *Haz un inventario de tus emociones*: Dedica diez minutos cada noche, durante una semana, para reflexionar sobre qué has sentido en el día. ¿Hubo momentos en los que sentiste frustración, alegría, miedo o algo de inseguridad? Anótalo. Sé brutalmente honesto contigo mismo.
2. *Identifica tus detonantes*: Reflexiona sobre qué situaciones activaron esas emociones. ¿Fue una discusión? ¿Fue una crítica? Entender qué te activa te da el poder de prevenir reacciones impulsivas en el futuro.
3. *Busca patrones*: Al final de la semana, revisa tus notas. ¿Hay patrones? ¿Hay emociones que se repiten? Quizá te des cuenta de que la frustración aparece siempre que alguien cuestiona tu autoridad, o que sientes miedo cuando tienes que tomar decisiones importantes sin tener toda la información.
4. *Elige una acción para mejorar*: Escoge una de esas emociones que hayas identificado como una debilidad

o un obstáculo. Ahora, planifica cómo vas a trabajar en ella. Por ejemplo, si descubres que el miedo a equivocarte te paraliza, comprométete a tomar una pequeña decisión cada día sin darle tantas vueltas.

Con este ejercicio, vas a empezar a desnudar tu ser emocional. Recuerda: no se trata de ser perfecto, sino de ser consciente. Acepta tus puntos fuertes y tus fallos y utiliza esa información para ser el líder que tu equipo necesita.

El liderazgo comienza en ti, ¡y sí, eso es una putada!

Siento decírtelo, pero el liderazgo empieza en ti. No puedes culpar a tu equipo de no estar motivado si tú mismo no te conoces y no tienes la claridad que deberías. Ser líder no es ponerse una corbata, entrar en una sala y gritar órdenes. Es conocerte lo suficiente para saber cuándo apretar y cuándo soltar, cuándo guiar y cuándo escuchar. Todo lo que quieres obtener de tu equipo comienza primero dentro de ti.

Liderar implica que te tomes el tiempo necesario para conocerte, para explorar cada rincón de tu ser y reconocer las partes que quizá no te gusten tanto. Es un proceso incómodo, pero absolutamente necesario. No puedes esperar que otros te sigan si tú no estás seguro de quién eres, de cuáles son tus valores fundamentales y de qué estás dispuesto a hacer para mantenerte fiel a esos valores. Liderar no se trata solo de habilidades y estrategias, sino también de carácter y autenticidad. Tienes que ser el primero en comprometerte a mejorar, en enfrentar tus inseguridades y en trabajar constantemente en ti mismo. Solo entonces podrás realmente pedirle a tu equipo que haga lo mismo.

Ser líder no es simplemente llegar con la solución mágica, es estar dispuesto a aprender y crecer con cada error. Cuando tomas responsabilidad sobre tu crecimiento personal, también abres la puerta para que los demás se desarrollen. Esto crea un entorno de trabajo donde no se teme cometer errores porque se entiende que cada error es una oportunidad de aprendizaje, no un motivo de vergüenza. Tienes que mostrar con el ejemplo que el liderazgo es, en esencia, una carrera de fondo, no una meta rápida. Es un proceso constante de evolución personal, y esa es la parte que muchas veces no se dice cuando se habla de ser líder.

Será difícil, ¡claro que sí! Habrá días en los que te sentirás totalmente perdido y otros en los que parezca que no avanzas. Te hará cuestionarte muchas cosas, incluso dudar de tu capacidad para liderar. A veces te sentirás expuesto y otras frustrado por no estar cumpliendo tus propias expectativas. Pero aquí está la buena noticia: el simple hecho de estar dispuesto a conocerte ya te coloca años luz por delante de muchos «jefes» que se contentan con mandar sin más. Ser un líder consciente te permitirá tener un enfoque mucho más claro sobre cómo influir positivamente en tu equipo. Te dará la capacidad de reconocer cuándo algo no está funcionando y cómo pivotar en lugar de empeñarte en seguir con algo solo porque eres «el jefe».

Además, cuando comienzas por conocerte, también desarrollas una empatía natural hacia los demás. Entiendes que cada persona tiene su propio proceso y que todos estamos luchando con nuestras propias inseguridades. Esto no solo te convierte en un mejor líder, sino también en una persona con la que los demás quieren trabajar, porque saben que tú también has pasado por ese proceso y no te avergüenzas de ello. Mostrar tu lado vulnerable y humano permite que los demás hagan lo mismo, y cuando un equipo trabaja desde esa honestidad, se crea un vínculo más fuerte y genuino. La confianza se cultiva cuando la gente sabe que pueden ser auténticos y aun así ser aceptados.

Por tanto, ser líder comienza y termina contigo. No hay atajos ni fórmulas mágicas. Si buscas ser un verdadero referente, necesitas aceptar que tu primer gran proyecto eres tú mismo. Todos los libros de liderazgo del mundo no te servirán de nada si no estás dispuesto a enfrentarte a ti mismo primero. Trabaja en tus áreas de mejora, poténciate, y luego usa esa mejor versión de ti para guiar a otros. Así, el liderazgo dejará de ser una carga y se convertirá en un propósito que tiene sentido, tanto para ti como para tu equipo.

Liderar también significa ser un ejemplo de cómo afrontar los desafíos de manera constructiva. Cuando reconoces tus debilidades y trabajas en ellas, inspiras a otros a hacer lo mismo. Estás creando una cultura de mejora continua en la que el crecimiento personal y el desarrollo son el centro de la dinámica del equipo. La gente necesita ver que sus líderes no son inmunes a los retos, sino que saben cómo enfrentarse a ellos con resiliencia y humildad. Cuando demuestras que el crecimiento es posible, tu equipo siente que ellos también pueden lograrlo.

Es importante comprender que el liderazgo comienza desde adentro, pero su impacto se siente en cada interacción. Cada conversación que tengas, cada decisión que tomes, será una manifestación directa de quién eres y cómo te percibes a ti mismo. Si no tienes claridad sobre tus propias intenciones y motivaciones, es imposible transmitir confianza y dirección. Por eso, el autoconocimiento no es solo una herramienta para tu crecimiento, sino una base para la calidad de tus relaciones y la efectividad de tu liderazgo.

Y aquí viene un punto crítico: tu equipo te está observando constantemente. Ven cómo reaccionas ante la adversidad, cómo manejas tus propios fallos y si estás dispuesto a admitirlo cuando no tienes todas las respuestas. La transparencia, aunque a veces pueda dar miedo, es una de las características más valoradas en un líder. Admitir que no sabes algo no disminuye tu autoridad, al contrario, te humaniza y muestra que estás dispuesto a aprender. Esos momentos de vulnerabilidad compartida son los que realmente fortalecen la confianza y el respeto entre tu equipo y tú.

El liderazgo auténtico requiere una valentía enorme. No se trata solo de tener éxito en los objetivos profesionales, sino de embarcarse en un viaje hacia el desarrollo personal que es continuo y desafiante. Requiere que estés dispuesto a observar de cerca los aspectos de ti mismo que otros podrían preferir evitar y a trabajar en ellos. Es un camino que a veces te hará sentir incómodo, pero también es el que te permitirá liderar con una claridad y una pasión que son contagiosas. Cuando tú evolucionas, tu equipo evoluciona contigo. Tu crecimiento se convierte en la chispa que motiva a otros a buscar su mejor versión.

El impacto de liderar desde el autoconocimiento no solo se ve en la productividad o los resultados, sino en la satisfacción y el bienestar del equipo. Un equipo guiado por un líder auténtico y consciente se siente más libre para expresarse, para innovar sin miedo a las represalias y para ser parte activa de la construcción de un entorno positivo. Ese entorno fomenta el aprendizaje continuo y la cooperación, y al final eso es lo que hace que un equipo sea exitoso, no solo en términos de resultados tangibles, sino también en la calidad de las relaciones y el sentido de propósito compartido.

Así que recuerda: liderar empieza y termina en ti. Tómate el tiempo para conocerte, para ser honesto contigo mismo, y no tengas miedo de mostrarle al mundo quién eres realmente. Eso no solo te hará un mejor líder, sino también una mejor persona, y, al fin y al cabo, eso es lo que más cuenta. Trabaja en ti con la misma dedicación que pondrías en cualquier otro proyecto importante. Esa dedicación debe ser constante y paciente, porque el desarrollo personal no tiene atajos. Se trata de invertir tiempo, esfuerzo y mucha autocompasión. Cada día es una oportunidad de aprender algo nuevo sobre ti mismo, de mejorar una habilidad, de enfrentarte a un miedo o de pulir una debilidad. Así es cómo se construye un líder auténtico y poderoso, uno que inspira a otros, no solo por lo que dice, sino por lo que hace y por cómo vive sus propios valores.

La autenticidad es lo que te hará destacar

Quizá pienses que para ser un buen líder necesitas ser como esas figuras que aparecen en las revistas de negocios: siempre con la sonrisa perfecta y con una seguridad arrolladora. Pero, ¿adivina qué?, eso es humo. Lo que de verdad inspira a la gente es la autenticidad, y esta viene de conocer tus luces y tus sombras, y no tener miedo de mostrarlas cuando sea necesario. Es entender que no necesitas ser perfecto, y que a veces tus debilidades son las que te permiten conectar mejor con los demás. Las personas se sienten más cómodas y motivadas cuando sienten que pueden relacionarse contigo de una manera auténtica. Cuando eres genuino, abres las puertas para que los demás también lo sean.

Un líder auténtico no tiene miedo de decir: «No sé», o «Me equivoqué». De hecho, admitir tus errores y tus limitaciones puede ser mucho más inspirador que proyectar una falsa imagen de perfección. Esto no significa que tengas que ser débil, sino que tienes que ser real. Cuando muestras tus vulnerabilidades, tu equipo entiende que también tienen el permiso para ser vulnerables. Esto crea un espacio de trabajo donde la confianza es la norma y no la excepción, donde las personas no tienen miedo de cometer errores y donde la innovación puede florecer sin las barreras del juicio constante.

Cuanto más te conozcas y aceptes quién eres, más te seguirán las personas que están a tu cargo. Porque sentirán que eres real, que estás allí en las buenas y en las malas, que no te escondes detrás de una fachada. La autenticidad genera confianza, y la confianza es la base de un equipo fuerte. La gente no sigue a un jefe solo porque tiene un título, sigue a alguien en quien confían y a quien respetan. La confianza y el respeto se ganan siendo auténtico, siendo consistente con tus valores y mostrando empatía hacia los demás. No se trata solo de tener la capacidad de tomar decisiones difíciles, sino también de ser lo suficientemente humano para admitir cuándo necesitas ayuda o cuándo algo no está funcionando.

Un líder auténtico también se preocupa por el desarrollo de su equipo. No solo te centras en tu propio crecimiento, sino que inspiras a los demás a buscar también su mejor versión. Esto significa ser un mentor, dar retroalimentación sincera y reconocer los logros de otros. Cuando eres auténtico, la gente sabe que tu interés por ellos es genuino y no solo una estrategia para mejorar la productividad. Se sienten valorados, y eso les impulsa a trabajar con más pasión y compromiso. La autenticidad es contagiosa: cuando un líder se muestra tal y como es, el equipo responde con la misma apertura y sinceridad, lo cual fortalece la cohesión y la efectividad del grupo.

Entonces, ¡empieza hoy! Desnúdate emocionalmente (ya te dije, sin llorar) y prepárate para conocerte mejor. Mira en tu interior, identifica tus fortalezas y tus debilidades, y acepta cada parte de ti. Este es el primer paso, y sí, es jodido, pero te prometo que merece la pena. Cuanto más auténtico seas, más fuerte serás como líder y más motivado estará tu equipo para seguirte. El camino hacia la autenticidad no es fácil ni rápido, pero es la única vía para construir un liderazgo sólido, inspirador y que marque la diferencia a largo plazo.

Capítulo 2

CÁLLATE Y ESCUCHA, ¡NADIE QUIERE AL BOCAZAS!

«La mayoría de la gente no escucha con la intención de entender; escucha con la intención de responder».

– Stephen R. Covey

Vamos a abordar uno de los errores más comunes (y molestos) en el liderazgo: la falta de escucha. No importa cuán inteligente o capaz seas, si no sabes escuchar a los demás, no podrás liderar de manera efectiva. El liderazgo no es una cuestión de volumen, ni de tener siempre la respuesta más rápida. Se trata de conectar, de entender y de ser capaz de sacar lo mejor de cada persona de tu equipo. La única manera de lograrlo es saber callar y prestar atención genuina. La escucha es la piedra angular del liderazgo eficaz, y eso implica mucho más que quedarse en silencio mientras otros hablan.

Escuchar implica estar presente de verdad. No se trata simplemente de asentir con la cabeza mientras tu mente está ocupada en otras cosas, sino de dedicar atención plena a la otra persona. Significa comprender lo que te están diciendo, interpretar sus emociones y ser capaz de responder de una manera que demuestre que valoras su perspectiva. Si crees que ser líder es simplemente dar órdenes y ser el que más habla, estás equivocado. Aquí descubrirás cómo el arte de callar y escuchar puede ser la herramienta más poderosa de un líder que quiere inspirar y guiar efectivamente a su equipo.

Aprender a escuchar activamente no solo mejora tus relaciones profesionales, sino que también impacta positivamente en la dinámica de tu equipo. Cada miembro comienza a sentirse valorado, lo cual contribuye a generar un ambiente donde la colaboración fluye más naturalmente y las ideas innovadoras emergen con mayor frecuencia.

En este capítulo, vamos a profundizar en las técnicas, ejemplos prácticos y ejercicios que te ayudarán a desarrollar esta habilidad crítica para el liderazgo. Porque sí, escuchar es una habilidad, y como toda habilidad, puede ser entrenada y perfeccionada. Prepárate para aprender a cerrar la boca y abrir los oídos, porque te garantizo que es el primer paso para convertirte en un líder inolvidable.

Si hablas más de lo que escuchas, ya has perdido

Vamos a empezar rompiendo un mito importante: los líderes no son los que más hablan en la sala. No son aquellos que siempre tienen algo que decir, que levantan la voz para dar instrucciones o se aseguran de que su opinión sea la única en ser escuchada. Al contrario, los mejores líderes son los que saben callarse a tiempo, los que tienen el coraje de cerrar la boca y abrir los oídos. Porque el liderazgo, amigos, es como una buena conversación: si solo hablas tú, ¡es aburrido y nadie aprende nada! Un líder que monopoliza la conversación no solo es aburrido, sino que limita la creatividad y las aportaciones de su equipo, impidiendo que surjan ideas innovadoras y bloqueando el crecimiento del grupo. La verdadera magia del liderazgo ocurre cuando permites que otros brillen.

El problema es que, en este mundo sobrecargado de ruido, parece que escuchar es una habilidad en peligro de extinción. Todo el mundo quiere hablar, todo el mundo quiere ser escuchado, pero pocos están dispuestos a hacer el verdadero esfuerzo de prestar atención. Ahí está la clave: la escucha activa. Si eres de los que siempre tienen la última palabra, tengo una noticia para ti: ya perdiste antes de empezar. Escuchar activamente significa concentrarte en lo que la otra persona está diciendo sin preparar tu respuesta antes de tiempo. Es estar presente, mostrar empatía y dejar a un lado tu necesidad de ser el centro de atención. Esto implica, además, mantener un contacto visual genuino, mostrar con tu lenguaje corporal que estás realmente comprometido y evitar cualquier distracción, como mirar el móvil o pensar en tu próxima tarea. Cada pequeña acción cuenta para demostrar a la otra persona que lo que dice te importa de verdad.

Un buen líder entiende que escuchar es una herramienta poderosísima para conectar, para entender y para guiar. Deja de lado tu ego por un momento, baja el volumen de tu voz interior y, simplemente, deja espacio para que los demás se expresen. No es fácil, lo sé. Tu cerebro querrá saltar para responder, para demostrar que sabes más, que tienes la solución antes incluso de haber escuchado el problema completo. Pero ese impulso es exactamente lo que tienes que aprender a dominar. ¡Cállate y escucha! Cuando decides escuchar realmente, creas un ambiente de respeto y confianza. Cada miembro del equipo siente que tiene algo valioso que aportar, y eso mejora no solo el clima laboral, sino también la calidad de las ideas que emergen. La gente se abre más, comparte más, y eso enriquece al equipo.

Escuchar también tiene otra dimensión que, a menudo, se pasa por alto: la escucha activa no solo beneficia a quien habla, sino también a ti como líder. Al escuchar, aprendes sobre las preocupaciones, los deseos y las motivaciones de tu equipo. Esta información es de valor incalculable porque te da la posibilidad de anticiparte a problemas, de motivar a tus colaboradores de una manera más personalizada y de encontrar oportunidades de mejora que, de otra manera, habrían pasado desapercibidas. La escucha activa te convierte en un líder más sabio, uno que entiende a su equipo no solo en lo profesional, sino también en lo humano. Esa conexión es la que realmente marca la diferencia cuando se trata de inspirar y movilizar a las personas hacia un propósito común.

Así que, la próxima vez que estés en una reunión, recuerda que escuchar no es un acto pasivo. Es una acción poderosa y consciente que, si la practicas, te ayudará a crear relaciones de confianza profundas. Se trata de prestar atención plena, de escuchar con todos tus sentidos y con tu corazón. No basta con asentir de vez en cuando; tienes que demostrar que estás ahí, presente, comprometido. Y cuando finalmente hables, hazlo con intención y claridad, habiendo entendido antes todas las perspectivas. Porque al final, el liderazgo no tiene que ver con imponer, sino con influir, con inspirar y, sobre todo, con aprender constantemente de los demás.

La escucha activa no es opcional, ¡es tu arma secreta!

Cuando hablamos de escucha activa, no estamos hablando simplemente de asentir con la cabeza mientras piensas en lo que vas a comer más tarde. ¡No! La escucha activa implica dedicar toda tu atención a la persona que tienes delante. Es leer entre líneas, captar lo que no se dice tanto como lo que sí se dice. Y eso, amigo mío, requiere esfuerzo. Requiere compromiso real y voluntad de estar completamente presente, algo que en este mundo de distracciones constantes no siempre es fácil de hacer. Pero es precisamente esa dificultad lo que hace que el acto de escuchar sea tan valioso y poderoso.

Imagina que estás en una reunión con tu equipo. Uno de tus compañeros está hablando sobre un problema al que se está enfrentando. Puedes escuchar de dos maneras distintas: la superficial, que solo presta atención a las palabras; o la profunda, la activa, que involucra no solo escuchar, sino también observar su lenguaje corporal, percibir su tono de voz, entender cómo se siente y qué hay detrás de esas palabras. La primera manera te dará información básica, quizá lo suficiente como para responder con una solución rápida. Pero la segunda manera, la escucha activa, te proporcionará una perspectiva completa: ¿Está frustrado? ¿Se siente ignorado? ¿Hay algo más que no está diciendo directamente? La escucha activa te permite captar todo eso y mucho más.

Un buen ejemplo de esto es cuando alguien te dice que: «Todo está bien», pero su tono de voz, sus gestos y su expresión facial indican claramente lo contrario. Un líder que practica la escucha activa detecta esa incongruencia y se atreve a preguntar más allá de las palabras, demostrando verdadero interés por el bienestar de la persona. Esto es fundamental en el liderazgo, ya que, a menudo, los miembros del equipo no se sienten cómodos expresando abiertamente sus problemas si perciben que el líder no está realmente interesado o comprometido con lo que tienen que decir. Mostrar esa disposición de ir más allá de las palabras marca la diferencia.

La escucha activa también significa ser capaz de ponerte en los zapatos del otro. Esto no solo implica entender las palabras, sino también los sentimientos y las emociones detrás de ellas. Puede significar mucho cuando un miembro de tu equipo se siente frustrado porque cree que no está recibiendo el suficiente reconocimiento, o cuando está desmotivado porque no ve progreso en su trabajo. La capacidad de un líder para identificar estas señales y reaccionar de manera efectiva es lo que fortalece la confianza y el compromiso del equipo.

La escucha activa es tu arma secreta porque te ayuda a entender mejor a las personas, a construir relaciones más fuertes y a tomar decisiones más informadas. No solo se trata de escuchar para responder; se trata de escuchar para comprender, y, finalmente, para actuar de una manera que beneficie a todos los involucrados. Como líder, no se trata solo de que tus ideas se hagan realidad, sino de sacar lo mejor de tu equipo. Y la mejor forma de hacerlo es dándoles espacio, escuchándolos y haciendo que sientan que sus voces importan. ¡Porque importan de verdad! Y porque, además, escuchar de esta manera te brinda la oportunidad de conocer puntos de vista que de otra manera no conocerías. Es imposible liderar un equipo solo desde tus propias percepciones y experiencias; la riqueza de las perspectivas es lo que impulsa a un equipo hacia el éxito.

Un equipo en el que cada miembro se siente escuchado es un equipo donde cada persona se siente valorada. Y no subestimes el poder de esa sensación de valoración. Cuando una persona siente que su opinión cuenta, su compromiso con el proyecto crece exponencialmente. Así, escuchar se convierte en una poderosa forma de motivación, mucho más efectiva que cualquier bono o charla inspiracional. A menudo, lo que la gente agradece más no es una gran recompensa material, sino sentirse reconocida y escuchada. Esa es la verdadera magia de la escucha activa en el liderazgo: conecta de manera profunda, fomenta la confianza y motiva sin necesidad de grandes discursos ni promesas vacías.

Para llevar tu habilidad de escucha activa al siguiente nivel, también es esencial practicar el arte de hacer preguntas. Pero no cualquier pregunta, sino preguntas abiertas que inviten a la reflexión y a compartir más información. Por ejemplo, en lugar de preguntar: «¿Todo va bien?», puedes decir: «Cuéntame más sobre cómo te sientes respecto a este proyecto». Este tipo de preguntas demuestra que realmente te importa la opinión del otro y abre la puerta a conversaciones más honestas y significativas.

Finalmente, recuerda que la escucha activa no termina cuando la otra persona deja de hablar. Una vez que has escuchado, tu papel es reflexionar sobre lo que has oído y tomar medidas si fuera necesario. Si un miembro de tu equipo te ha expresado una preocupación o un problema, tu siguiente paso es actuar para demostrar que lo que te ha dicho realmente importa. No hay nada más desalentador que sentir que uno se ha abierto y, sin embargo, sus palabras no han tenido ninguna repercusión. Es por eso que escuchar y actuar son dos caras de la misma moneda del liderazgo efectivo. Y aquí radica la diferencia entre un líder que simplemente oye y uno que realmente escucha y lidera.

Ejemplo práctico: Cómo cerrar una bronca antes de que explote

Vale, hablemos de un escenario real. Imagina que estás en medio de una discusión tensa entre dos miembros de tu equipo. Ambos están con las venas hinchadas en el cuello, los ojos encendidos, y parece que, si alguien no hace algo pronto, la cosa va a acabar peor que una pelea de bar.

En situaciones así, tu primera reacción podría ser intervenir rápidamente y empezar a dar instrucciones, imponiendo orden por pura fuerza bruta. Pero eso, probablemente, solo serviría para empeorar las cosas. Lo que necesitas hacer es escuchar. Dale espacio a cada uno para que explique qué está pasando desde su perspectiva. Más allá de lo que dicen, presta atención a cómo lo dicen, a las emociones que están expresando. Tal vez no se trata solo de lo que está sucediendo ahora, sino de una serie de resentimientos acumulados. Tal vez alguien siente que no se le ha reconocido lo suficiente o que no tiene apoyo.

Una vez que hayas escuchado, resume lo que han dicho. Esto no solo les muestra que les has prestado atención, sino que también ayuda a que se sientan comprendidos. «Lo que estoy escuchando es que ambos sienten que sus ideas no están siendo valoradas, y eso los está frustrando. ¿Es así?». Ese tipo de frases ayudan a desactivar la tensión y a llevar la conversación a un terreno donde pueda resolverse sin explosiones innecesarias.

Ejercicio: Practica escuchar sin interrumpir (difícil, ¿verdad?)

Vamos a ponerte a prueba, porque la teoría está muy bien, pero sin práctica no hay mejora. Así que aquí va el ejercicio: la próxima vez que tengas una conversación, proponte no interrumpir ni una sola vez. No lo hagas, ni siquiera si crees que tienes una respuesta brillante que va a salvar el día.

Esto es más difícil de lo que parece, porque nos hemos acostumbrado a estar listos para soltar nuestra opinión a la primera oportunidad. Pero recuerda: un buen líder escucha antes de hablar. Tú simplemente escucha. Pregunta si algo no te queda claro, pero no interrumpas para dar tu opinión hasta que la otra persona haya terminado. Y cuando lo haya hecho, primero reformula lo que has escuchado. Esto no solo demuestra que estuviste atento, sino que también te ayuda a asegurarte de que lo has entendido bien.

Haz esto una y otra vez y te garantizo que mejorarán tus relaciones personales y laborales. Tu equipo empezará a sentir que realmente los escuchas, y esa sensación es oro puro para generar confianza y lealtad. Porque, al fin y al cabo, todos queremos ser escuchados.

La magia de la pausa: el silencio también es liderazgo

Una de las herramientas más subestimadas en el liderazgo es el poder del silencio. Sí, el silencio. No hay nada más poderoso que una pausa bien hecha. Cuando alguien te está contando algo, especialmente si se trata de algo importante o difícil para ellos, no sientas la necesidad de llenar el espacio con palabras. Deja ese silencio cómodo. Es ahí donde la verdadera magia ocurre. El silencio crea un espacio seguro, un momento donde la otra persona siente que lo que está diciendo tiene un peso real, que merece ser reflexionado. Esa pausa le otorga dignidad a la conversación y hace que el otro se sienta verdaderamente escuchado.

Un silencio bien usado invita a la reflexión. Invita a la otra persona a profundizar más, a decir cosas que de otra forma quizá no se hubiera atrevido a decir. A veces, después de una pausa, la persona decide abrirse más, aportar detalles que antes no se sentía lista para compartir, y es en esos detalles donde suelen encontrarse las claves para resolver un problema o para comprender mejor la situación. El silencio también permite al otro sentirse validado, percibir que sus palabras no han caído en un vacío, sino que están siendo procesadas. Y también demuestra que no tienes prisa, que estás ahí para escuchar, que le das importancia a lo que se está compartiendo.

La próxima vez que alguien termine de hablar, no te lances enseguida a responder. Respira. Cuenta hasta tres si es necesario. De hecho, si puedes, cuenta hasta cinco. Verás que esa pausa no solo le da al otro la oportunidad de seguir hablando si lo necesita, sino que a ti también te permite pensar más claramente en lo que vas a decir. A menudo, el impulso inmediato que sentimos de responder no es la mejor respuesta; tomarse un momento permite que la respuesta sea más considerada, más empática y, en última instancia, más efectiva. Y entonces, solo entonces, responde.

El silencio también es una poderosa herramienta para recalcar un punto. Imagina que has terminado de explicar algo importante a tu equipo. En lugar de continuar hablando para llenar el vacío, haz una pausa y deja que tus palabras tengan un eco. Permite que cada uno de los miembros de tu equipo procese lo que has dicho a su manera. Esa pausa les da tiempo para reflexionar y asimilar tus palabras. El poder del silencio se encuentra no solo en lo que se omite, sino en lo que permite emerger en la mente del otro.

Además, el silencio tiene la capacidad de transmitir confianza. Cuando guardas silencio después de que alguien ha hablado, le estás diciendo, sin palabras, que confías en que tiene más cosas importantes que decir, que no estás ahí solo para imponer tu opinión, sino para construir una conversación conjunta. Eso genera una atmósfera de respeto mutuo, donde cada voz se siente necesaria y valiosa.

Por último, el silencio también es un acto de autocontrol. Como líder, tienes la responsabilidad de moderar tus propias emociones y reacciones. Si te tomas un momento de silencio antes de hablar, tienes una oportunidad para evaluar tus emociones, para decidir conscientemente cómo quieres responder. Esto evita que reacciones de manera impulsiva o que digas algo de lo que luego te puedas arrepentir. Practicar el silencio es una forma de autoliderazgo, y cuando demuestras que tienes esa capacidad de controlarte a ti mismo, inspiras a los demás a hacer lo mismo.

El silencio, lejos de ser una muestra de debilidad o incertidumbre, es una herramienta activa en el liderazgo. Te permite ser más consciente, más intencional y hace que tus palabras, cuando las pronuncias, tengan mucho más impacto. Así que la próxima vez que estés en una conversación importante, recuerda: el silencio no es vacío; el silencio está lleno de posibilidades. Usa el poder de la pausa para fortalecer tu liderazgo, para conectar más profundamente con tu equipo y para demostrar que, en un mundo lleno de ruido, tú eres alguien que sabe cómo escuchar de verdad.

Escuchar para liderar, liderar para inspirar

Si quieres que tu equipo te siga, si quieres ser el tipo de líder al que la gente respeta y admira, necesitas aprender a escuchar. La escucha activa no solo es una herramienta de comunicación, es un acto de humildad. Es decir: «No tengo todas las respuestas, quiero entenderte y aprender de ti». Esa actitud, más que ninguna otra, es la que define a los verdaderos líderes. Cuando te comprometes a escuchar realmente, estás diciendo que valoras las perspectivas y experiencias de los demás, y eso es algo que la gente percibe de inmediato. La humildad que implica reconocer que no lo sabes todo es lo que genera un respeto genuino y profundo en tu equipo.

Escuchar no te convierte en un líder débil, ni te hace perder autoridad. Todo lo contrario. Escuchar te da perspectiva, te da información y, lo más importante, te da la oportunidad de conectar con las personas a un nivel profundo.

Y esa conexión es la base de todo liderazgo efectivo. Al escuchar, creas un ambiente donde las personas se sienten seguras para expresarse, donde sienten que sus ideas son valoradas y donde la innovación puede florecer sin miedo al juicio. Cuando las personas sienten que pueden hablar y ser escuchadas, se vuelven más creativas, más comprometidas y, en última instancia, más productivas.

La conexión que se establece a través de la escucha activa es lo que permite que el equipo se cohesione y trabaje hacia un objetivo común. No se trata solo de entender qué están diciendo tus colaboradores; se trata de entender cómo se sienten, qué los motiva, qué los preocupa. Estas son las claves que te permitirán liderar no solo desde la estrategia, sino también desde la empatía. Al cultivar una conexión auténtica con tu equipo, te vuelves más que un jefe: te conviertes en un verdadero líder, uno que inspira confianza y respeto.

Así que la próxima vez que estés en una reunión, o que alguien de tu equipo venga a hablar contigo, recuerda: cállate y escucha. No eres el único que tiene algo que decir, y te sorprenderías de lo mucho que puedes aprender y del poder que puedes ganar simplemente estando presente y prestando atención. Porque al final, escuchar no es solo una habilidad, es una elección. Es elegir estar presente, priorizar a la otra persona por encima de tu deseo de responder o de imponer tu punto de vista. Y tú, como líder, tienes el poder de elegir ser mejor cada día.

Y no solo se trata de practicar la escucha durante los momentos de conflicto o de toma de decisiones críticas. La escucha debe ser constante, debe ser parte de tu día a día. Escuchar a tus colaboradores cuando te cuentan algo sobre sus éxitos, sus desafíos personales, o incluso sobre sus frustraciones, te da la oportunidad de crear un equipo verdaderamente unido. Los pequeños momentos de escucha generan un impacto acumulativo inmenso en la cultura del equipo, haciendo que la confianza y el compromiso se multipliquen.

¡Ahora ve y practica! ¡Tus orejas tienen mucho trabajo por delante! Con cada oportunidad que tomes para escuchar de verdad estarás dando un paso más para convertirte en el líder que tu equipo necesita y admira. Recuerda: el liderazgo no se trata de ser el más ruidoso en la sala; se trata de ser el que está más dispuesto a entender y a crecer junto a los demás. Escuchar es el primer y más importante paso hacia ese camino de crecimiento conjunto.

Capítulo 3

SIN VISIÓN, ERES SOLO OTRO MÁS CON CORBATA

«La clave del liderazgo es tener una visión clara que inspire a otros a seguirte, incluso cuando no haya un camino evidente».

–John C. Maxwell

Imagina que estás en medio de un desierto. No hay señales, no hay mapas, solo tú y un grupo de personas que esperan a que sepas qué hacer. Puedes estar bien vestido, con una corbata impecable y el mejor reloj, pero si no sabes hacia dónde ir, solo eres otro más perdido entre las dunas. Estar vestido para el éxito no significa nada si no sabes hacia dónde guiar a los demás. La visión no es un lujo; es una necesidad absoluta. Es lo que separa a aquellos que simplemente ocupan un puesto de aquellos que verdaderamente inspiran y marcan la diferencia. Si quieres liderar, necesitas tener algo más que corbata y palabras bonitas: necesitas saber hacia dónde vas, qué quieres conseguir y cómo vas a convencer a los demás para seguirte hasta ese lugar. Sin una visión, eres como un turista perdido en un lugar desconocido, mirando alrededor con pánico y sin tener idea de por dónde empezar.

¡Ojo! Tener visión no significa que seas una especie de Nostradamus moderno, prediciendo el futuro en bolas de cristal. Nadie espera que adivines lo que va a pasar, pero sí esperan que tengas la capacidad de mirar al horizonte y ver oportunidades donde otros solo ven problemas. La visión es la habilidad de ver más allá de lo inmediato, de proyectarte a un lugar donde todo tiene sentido, donde tu equipo está unido y logréis algo que nadie más ve. Es ver posibilidades que otros pasan por alto y es tener el coraje de comunicar esa visión para inspirar a otros.

En este capítulo vamos a hablar de por qué la visión es el combustible que necesitas para llegar lejos, cómo desarrollar una visión propia y, sobre todo, cómo contagiar esa visión a los demás sin parecer un predicador de esquina. Vamos a cubrir cómo puedes evitar los errores comunes que cometen los líderes cuando intentan compartir su visión, cómo hacer que esta sea relevante para cada miembro de tu equipo y cómo puedes utilizar tu visión para guiar a tu equipo durante los momentos más complicados.

Tener una visión clara también es lo que te distingue cuando el caos se instala. Porque, creéme, el caos va a llegar, y cuando lo haga, tu capacidad de mantenerte fiel a esa visión es lo que va a marcar la diferencia. La visión no se trata solo de planificar un futuro brillante; también es la capacidad de sostener ese horizonte ante los problemas. Si hoy te centras solo en apagar incendios, al final del día estarás agotado y no habrás avanzado nada. Pero si, incluso en medio del caos, sigues recordándole a tu equipo la razón por la que hacen lo que hacen, les estarás devolviendo la energía. Ahí está la diferencia entre simplemente resolver problemas y liderar.

Una buena visión también implica tener el coraje de ser impopular a veces. Porque no todos van a entender tu visión de inmediato, y eso está bien. Algunos pueden pensar que estás loco, que estás soñando despierto, pero eso es parte del juego. La visión es desafiar el *statu quo*, es atreverte a romper con lo que se da por sentado y es, sobre todo, un acto de valentía. Lo que distingue a un buen líder es su capacidad para mantenerse firme en su visión incluso cuando hay resistencia, incluso cuando todos a su alrededor solo ven barreras y problemas.

Tener visión no es ser Nostradamus, es guiar a tu equipo al futuro

Todo buen líder debe tener una visión, pero, ojo, que no estamos hablando de predicciones mágicas o poderes sobrenaturales. Estamos hablando de claridad. Tener visión significa saber qué quieres lograr y cómo quieres que sea el futuro para tu equipo o proyecto. Es poder articular esa imagen con tal claridad que otros puedan verla y decir: «¡Eso quiero yo también!». En este sentido, la visión se convierte en una fuerza motivadora.

Pero también es una especie de ancla. Cuando las cosas se ponen complicadas, y te aseguro que lo harán, tener una visión te permite mantenerte firme y recordarles a todos por qué hacen lo que hacen. Te convierte en la persona que puede dar sentido al caos, en esa figura que los demás miran cuando todo parece desmoronarse. Ahí es donde tu equipo, el cual probablemente esté a punto de tirar la toalla, busca a alguien con una dirección clara.

Una visión también tiene el poder de dar coherencia y unidad a las acciones. Cuando todos en el equipo comprenden esa gran meta, sus esfuerzos ya no están dispersos. En lugar de tratar de cumplir tareas pendientes, todos están aportando a algo más grande que ellos mismos. Esa coherencia trae consigo una energía compartida, una sensación de pertenencia y propósito. Es lo que hace que los lunes por la mañana no se sientan como una condena, sino como un nuevo paso hacia algo significativo.

Otro aspecto importante de tener visión es la resiliencia. Cuando tu equipo se enfrenta a obstáculos, la visión actúa como un recordatorio constante de que el esfuerzo vale la pena. Esto ayuda a las personas a mantenerse motivadas y enfocadas, incluso cuando el camino se pone cuesta arriba. La visión transforma la adversidad en una prueba del compromiso colectivo y hace que las personas puedan superar sus limitaciones individuales.

La visión también te obliga a ser honesto contigo mismo y con tu equipo. Tener una visión implica ver no solo el futuro deseado, sino también los retos y sacrificios que se necesitarán para llegar allí. No se trata de vender humo o de ofrecer solo cosas bonitas; un verdadero líder con visión sabe identificar las dificultades y las comunica de una manera que inspire a otros a prepararse para ellas. No todo será un camino de rosas, y reconocerlo no debilita tu visión, sino que la hace más creíble y alcanzable.

Tener una visión clara no se trata solamente de un destino final. También se trata del proceso, del viaje y de cómo hacer que cada paso sea parte de una experiencia significativa. La visión debe ser algo que todos en el equipo puedan sentir, tocar y experimentar a lo largo del camino. Debe haber hitos claros, momentos en los que puedas decir: «Estamos lográndolo, estamos avanzando». Esos momentos son fundamentales porque no solo le dan sentido al trabajo, sino que también recargan la energía del equipo y refuerzan el compromiso de cada miembro con el proyecto.

Otra clave para mantener viva una visión es la adaptabilidad. La visión puede ser clara, pero el camino para llegar allí es flexible. Los grandes líderes saben que rara vez el trayecto es directo; hay giros inesperados, cambios de plan y también derrotas temporales. Ser capaz de ajustar la forma en que persigues tu visión sin perder de vista la meta final es lo que define a un líder efectivo. Esa capacidad de adaptación es lo que mantiene a tu equipo motivado y alineado, a pesar de los desafíos que puedan surgir.

Por último, tener visión es también saber cómo celebrar. Celebrar los pequeños logros y los grandes éxitos forma parte esencial de tener una visión poderosa. Reconocer el progreso permite que la visión cobre vida en el día a día y que no quede solo en palabras o en un cartel bonito pegado en la pared de la oficina. Es mostrarle a tu equipo que lo que hacen tiene un impacto y que cada pequeño paso suma hacia ese gran sueño compartido. Un equipo que celebra es un equipo que tiene claro el porqué de su trabajo y se siente motivado a seguir adelante.

Si no puedes ver más allá de tu nariz, mal vamos

Es fundamental que tengas claro que ser líder no se trata solo de gestionar tareas o resolver problemas del día a día. Un verdadero líder es alguien que puede levantar la vista y trazar un camino claro, incluso cuando otros solo ven dificultades inmediatas. Si solo te centras en apagar incendios y tapar huecos, estarás perdido, atrapado en un ciclo interminable de reacciones. La visión es lo que te permite pensar más allá del problema inmediato y hacer planes para el futuro. Es lo que te permite desafiarte a ti mismo y desafiar a tu equipo para alcanzar algo significativo, más allá de las urgencias del momento.

Si no eres capaz de ver más allá de lo que tienes justo frente a ti, te conviertes en un simple gestor de caos. Y el caos tiene la capacidad de desgastar y de consumir energía sin dejar resultados. Tener visión significa ser capaz de mantener un rumbo firme en medio del ruido y la incertidumbre, y ayudar a otros a ver ese mismo rumbo. Imagina un barco en mitad de una tormenta: si el capitán solo se enfoca en esquivar las olas y no sabe hacia qué puerto dirigirse, el barco solo va a dar vueltas hasta hundirse. Tener visión es tener un puerto claro al que dirigirte, incluso cuando el mar está agitado.

Un líder con visión entiende cómo cada decisión impacta sobre el futuro y es capaz de ver cómo los esfuerzos actuales contribuyen a algo más grande. En resumen, la visión es lo que diferencia a un líder de un simple jefe. Un jefe quiere resultados hoy; un líder quiere construir algo significativo para mañana. La visión es también la capacidad de anticiparse a las necesidades y de preparar el terreno para que el equipo pueda florecer en el futuro. Un buen líder no solo está enfocado en resolver problemas, sino en crear oportunidades, en eliminar barreras antes de que estas se conviertan en obstáculos reales.

La diferencia entre un jefe y un líder también radica en la perspectiva del tiempo. Mientras que un jefe suele enfocarse en las métricas semanales o mensuales, un líder con visión tiene una perspectiva aún más amplia; es capaz de ver cómo los esfuerzos actuales afectan el proyecto a largo plazo. Los jefes viven en el corto plazo, en la gratificación inmediata. Los líderes, en cambio, entienden que construir algo duradero implica paciencia, estrategia y la habilidad de navegar en tiempos difíciles sin perder de vista el objetivo mayor.

Liderar con visión implica también comunicar esa visión constantemente. No basta con tener claro el objetivo; debes ser capaz de transmitirlo de manera efectiva para que cada miembro del equipo lo entienda, lo interiorice y se sienta parte de él. En definitiva, una visión compartida es lo que convierte un grupo de personas en un equipo verdadero, donde todos están remando en la misma dirección. Y eso es lo que hace que el trabajo tenga sentido, que cada esfuerzo diario tenga un propósito claro.

La visión también te da la capacidad de ser flexible cuando el camino se desvía. No se trata de ser inflexible en cómo llegar al objetivo, sino en mantener la determinación de llegar a él, incluso si necesitas ajustar tu plan. Con una visión clara, serás capaz de adaptar estrategias sin perder de vista la meta. Los grandes líderes saben que el camino no siempre será recto, pero la claridad en el destino final es lo que mantiene a todos enfocados y comprometidos.

Caso de estudio: Cómo un buen visionario salva empresas (y evita la ruina)

Hablemos de un caso real: Steve Jobs. Cuando volvió a Apple en 1997, la empresa estaba al borde de la bancarrota. Apple no solo estaba luchando contra sus problemas financieros, sino también con una identidad perdida, productos mediocres y una moral muy baja entre los empleados. Jobs no solo se centró en arreglar los problemas técnicos y operativos de la compañía; también trajo una visión clara y poderosa: crear productos que fueran una extensión intuitiva y creativa de los usuarios. Esa visión no era solo acerca de crear tecnología; era sobre transformar la manera en que las personas interactúan con la tecnología, y hacerla accesible, humana y emocionante. Esa visión fue lo que transformó a Apple en lo que es hoy día: un referente global y un icono cultural.

Lo que hizo Jobs fue entender que su rol no era ser un gestor eficiente, sino inspirar una visión poderosa que guiara a Apple más allá de las dificultades técnicas. No se limitó a solucionar problemas inmediatos; se concentró en generar un sentido de propósito. Transformó una visión interna en una energía compartida, logrando que todos sus empleados estuvieran alineados con ese objetivo. Se trataba de hacer que cada persona en la empresa entendiera no solo lo que estaban haciendo, sino por qué lo estaban haciendo. Jobs tenía una habilidad única para comunicar esa visión, para lograr que cada ingeniero, diseñador y vendedor creyera que estaban creando algo que podía cambiar el mundo.

Otra clave del éxito de Jobs fue su capacidad de simplificar. La visión no era difusa ni complicada. Jobs logró reducir la oferta de productos a unas pocas líneas, enfocando todos los recursos de Apple en lo que realmente hacía la diferencia. Esta claridad ayudó a alinear todos los esfuerzos y a eliminar el ruido innecesario. Jobs también hizo que la innovación fuera parte fundamental de la visión: siempre desafiar lo establecido, buscar la excelencia y empujar los límites de lo posible. Esto creó una cultura de empresa donde la innovación era la norma, no la excepción.

La transformación de Apple no fue rápida ni sencilla. Implicó tomar decisiones audaces, como el lanzamiento del iMac, que redefinió el diseño de los ordenadores personales, y más tarde del iPod, que revolucionó la industria musical. Jobs no solo pensaba en productos, sino en cómo estos encajaban en una visión mayor del futuro de la tecnología y del estilo de vida de las personas. Sabía que no bastaba con crear cosas que funcionaran bien; debían inspirar, emocionar a los usuarios y conectar con ellos a un nivel emocional profundo. Esa es la esencia de una visión que cambia empresas y transforma mercados.

La visión de Jobs también estaba centrada en la experiencia del usuario, algo que en ese momento era relativamente novedoso. No solo se trataba de innovar tecnológicamente, sino de hacerlo pensando siempre en el usuario final, en cómo mejorar su vida y en cómo hacer que la tecnología fuera algo que cualquiera pudiera utilizar sin complicaciones. Eso requirió cuestionar muchas ideas preconcebidas sobre cómo debían ser los dispositivos electrónicos y el papel de la tecnología en la vida cotidiana.

Eso es lo que salva empresas; no los procesos de mejora continua ni los sistemas bien definidos de gestión de calidad, sino la capacidad de dar sentido al trabajo colectivo. Jobs inspiró a todos los miembros de la organización a ser parte de algo más grande, a no ver su trabajo como una simple labor, sino como una contribución esencial a un sueño compartido. Cuando los empleados ven un propósito en lo que hacen, cuando sienten que están construyendo algo verdaderamente significativo, el impacto es innegable. La visión genera pasión y la pasión mueve montañas, transforma industrias y salva empresas de la ruina.

Ejercicio: Crea tu mapa hacia el éxito, ¡nada de sueños baratos!

Es hora de que empieces a crear tu propia visión. Vamos a trabajar en un ejercicio que te ayudará a definir qué es lo que realmente quieres y cómo puedes compartir esa idea con tu equipo. El objetivo es crear un mapa hacia el éxito que sea realista, inspirador y, sobre todo, alcanzable.

Paso 1: *Imagínate dentro de cinco años.*

Quédate quieto solo un momento y cierra los ojos. Imagina que todo ha salido según el plan. ¿Cómo se ve tu equipo? ¿Qué han logrado? ¿Cuál es el sentimiento general cuando todos llegan a la oficina cada mañana?

Paso 2: *Escribe tu «Declaración de Visión».*

Ponte manos a la obra y redacta una declaración corta y poderosa que describa cómo ves a tu equipo en el futuro. No tiene que ser perfecta, pero debe ser clara y emocionante.

Paso 3: *Haz que esa visión sea compartida.*

Comparte tu declaración con al menos dos miembros de tu equipo. Pregúntales qué sienten al escucharla. ¿Les motiva? ¿Lo entienden? Usa sus respuestas para ajustar tu visión hasta que se convierta en algo que todos puedan respaldar.

Una vez que tengas clara tu visión y sepas cómo comunicarla, estarás listo para liderar de verdad. Recuerda que la visión es tu faro. Es lo que ilumina el camino, incluso cuando la niebla se hace espesa. Sin ella, solo serás otro más, atrapado en el día a día. Pero con ella, te convertirás en esa figura que todos buscan cuando las cosas se ponen duras, el que puede ver lo que otros no pueden y guiar hacia algo mejor.

¡Vamos! No te conviertas en uno más con corbata. Desarrolla esa visión, comparte esa inspiración y haz que tu equipo te siga hasta el final. ¡Eso es liderar!

Capítulo 4

SI NO INSPIRAS, ERES ABURRIDO. PUNTO

«No puedes ser una fuente de inspiración para los demás si no estás entusiasmado contigo mismo».

– Robin Sharma

Vale, ya estamos aquí. Has llegado al momento de la verdad. Este es el punto crucial, el momento en el que te das cuenta de que el liderazgo no es solo una cuestión de seguir una lista de tareas. Es lo que separa a los líderes que simplemente hacen su trabajo de aquellos que dejan una huella imborrable. Si estás pensando que la inspiración es un concepto abstracto, reservado únicamente para las películas épicas o para los gurús de autoayuda que hablan desde un escenario iluminado, te equivocas. La inspiración no tiene que ver con discursos con música de fondo, lágrimas corriendo por las mejillas ni gestos heroicos. Aquí, la inspiración es una herramienta de trabajo, tan real y tan esencial como el destornillador del carpintero o el pincel del artista. Es una herramienta práctica y diaria. Si no la usas, te garantizo que tu equipo se quedará mirando sus relojes, deseando que llegue la hora de salir y sus mentes estarán ya en otra parte.

La realidad es que, cuando hablamos de liderazgo, no basta con cumplir con las expectativas mínimas o limitarse a ser «el jefe». Vamos a desterrar de una vez por todas el mito del líder «aburrido pero efectivo». La efectividad por sí sola no es suficiente si no puedes inspirar a tu equipo. Si no eres capaz de hacer que tu equipo sienta la chispa de la emoción, si no puedes encender la motivación en sus corazones, entonces no estás liderando, simplemente estás arrastrándolos a través de la rutina. Liderar no solo es hacer que las cosas sucedan, es hacer que la gente quiera que sucedan. Así que, ponte cómodo y prepárate para un viaje en el que vamos a explorar qué significa realmente ser una fuente constante de inspiración. Vamos a dejar atrás al «jefe aburrido», y aprenderemos a convertirnos en el líder que todos necesitan.

Ser un líder inspirador implica mucho más que simplemente cumplir objetivos; se trata de conectar a nivel humano, de ser una guía y una motivación para otros. Significa conocer a tu equipo, saber qué los mueve y cómo puedes contribuir a su desarrollo personal y profesional. ¿Quién quiere un jefe que solo da órdenes y delega? Lo que la gente necesita es a alguien que pueda ver sus potenciales, alguien que crea en ellos cuando ni ellos mismos están seguros. Inspira a través de tu visión, a través de tu autenticidad y, sí, también a través de tu vulnerabilidad. Ver a un líder humano, con sus propios errores y aciertos, puede ser uno de los elementos más poderosos para inspirar a un equipo.

Piénsalo bien: la inspiración no es algo mágico que ocurre de repente, ni algo reservado para las historias de superhéroes. La inspiración es algo que se trabaja, se construye y se cultiva todos los días. Es la diferencia entre ser «ese jefe» al que todos temen por ser un autómata que solo ve resultados y ser el líder que, aunque exige lo mejor de su equipo, lo hace con una sonrisa, con empatía y con la capacidad de ver a las personas detrás de los títulos y las tareas. Así que prepárate para ponerte manos a la obra. Vamos a aprender juntos a cómo dejar huella, a cómo hacer que la inspiración sea parte de tu día a día y la piedra angular de tu liderazgo.

Deja de hacer que bostecen y empieza a motivar

La diferencia entre «un líder» y un «jefe aburrido» es fácil de notar: uno te hace querer saltar de la cama por la mañana, con energía y propósito, mientras que el otro..., bueno, te hace querer tirar el despertador por la ventana y esconderte debajo de las sábanas. El líder inspirador tiene esa capacidad especial para conectarte con un sentido de propósito, para que te emociones por lo que haces, para que sientas que eres parte de algo más grande. Cuando inspiras, no necesitas tener las respuestas perfectas, ni ser el más inteligente de la habitación, ni el más carismático; simplemente necesitas ser el que encienda la chispa de la motivación en tu equipo. Esa chispa es el combustible que hará que el equipo siga adelante cuando las cosas se pongan feas, cuando las adversidades se acumulen y las soluciones no sean obvias.

Olvídate de los discursos cursis, no estamos hablando de citar frases de *La guerra de las galaxias* (aunque, si a tu equipo le gusta, podría ser útil). No se trata de impostar una actitud grandilocuente ni de dar charlas motivacionales como si estuvieras en un escenario de un seminario de autoayuda. Estamos hablando de conectar con lo que realmente mueve a cada persona de tu equipo. Y eso implica, en primer lugar, entender quiénes son. No puedes motivar si no sabes qué los hace vibrar. Necesitas conocer sus inquietudes, sus pasiones, sus aspiraciones y sus miedos. Necesitas entender qué los mantiene despiertos durante la noche y qué hace que se sientan orgullosos de sí mismos.

Pregúntate: ¿Sabes qué es lo que emociona a cada uno de los miembros de tu equipo? ¿Qué les motiva a trabajar, más allá del sueldo? Podría ser el deseo de aprender cosas nuevas, de tener más responsabilidad, de sentirse reconocidos por sus logros o, sencillamente, de estar en un ambiente de trabajo donde puedan ser auténticos y sentirse valorados. Podría ser el hecho de formar parte de un proyecto significativo, de trabajar en algo que tenga un impacto real. Podría ser la búsqueda de un crecimiento personal o profesional. Tienes que saberlo si quieres hacer algo al respecto, porque sin este conocimiento, cualquier intento de motivar se quedará en la superficie y, en el mejor de los casos, será temporal.

Motivar a tu equipo no es algo que se haga una vez y ya esté todo resuelto. No es suficiente con organizar un evento inspirador o tener una reunión en la que compartas tu visión y luego esperar que la magia ocurra sola. Motivación significa cuidar las relaciones interpersonales todos los días, asegurarte de que cada uno se siente escuchado, visto y valorado. Significa actuar cuando ves que alguien está perdiendo la pasión, intervenir antes de que esa chispa se apague. Significa apoyar a tu equipo, no solo en los momentos de gloria, sino, especialmente, cuando las cosas se ponen difíciles.

Y no olvidemos que la motivación no siempre tiene que venir de las grandes palabras. A veces, el gesto más pequeño, como un reconocimiento sincero, un agradecimiento, un comentario positivo, o incluso un simple «Sé que esta semana ha sido dura, pero estás haciendo un gran trabajo y lo valoro», puede ser más poderoso que cualquier discurso épico. Es en esos pequeños momentos, cuando muestras que realmente te importa tu equipo, cuando construyes la base de la motivación auténtica.

Además, la motivación no es un concepto uniforme que funciona igual para todos. Cada miembro de tu equipo es un mundo, y lo que motiva a uno puede ser irrelevante para otro. Ahí es donde entra en juego tu habilidad como líder para identificar las diferencias, para tratar a cada persona de manera única, y para adaptar tu enfoque según lo que cada uno necesite. Esto puede parecer mucho trabajo, pero es precisamente ahí donde reside la verdadera diferencia entre un líder común y un líder inspirador: la capacidad de hacer sentir a cada persona como una pieza fundamental del engranaje, de asegurarse de que cada uno ve un propósito y siente que está creciendo y avanzando hacia algo significativo.

Recuerda: tu equipo no necesita un héroe ni un gurú que tenga todas las respuestas. Necesitan alguien que les inspire a creer en sí mismos, alguien que les dé las herramientas y el respaldo para que ellos mismos encuentren esas respuestas. Necesitan sentir que su trabajo tiene valor, que su esfuerzo es reconocido, y que tú estás ahí para caminar junto a ellos, no por delante. Cuando logres conectar de esta manera, la motivación no será una carga que tengas que imponer, sino una fuerza natural que los llevará hacia adelante sin necesidad de empujones constantes.

La inspiración no es de Disney, ¡es tu trabajo diario!

La inspiración no es algo que dejas para los grandes momentos ni para cuando consigues un gran contrato. Es algo que se trabaja cada día, como hacer ejercicio o cepillarse los dientes. En realidad, la inspiración está en los pequeños detalles, en esos gestos diarios que muestran tu compromiso y determinación. No es una varita mágica que usas de vez en cuando; es una práctica constante que debes perfeccionar día tras día. En la mayoría de los casos, inspirar a tu equipo significa estar presente, ser consistente y predicar con el ejemplo. La inspiración real surge cuando el equipo ve que tú también luchas, que estás dispuesto a remangarte y enfrentarte a los retos junto a ellos. No necesitan discursos emocionantes todos los días, pero sí necesitan ver a un líder que está comprometido, que se preocupa y que es capaz de ponerse en sus zapatos, sintiendo y entendiendo sus problemas y desafíos.

Los líderes inspiradores no esconden sus emociones, pero tampoco son una olla a presión de drama. Mostrar vulnerabilidad, aceptar tus errores y ser transparente sobre los desafíos que enfrentas no te hace débil, al contrario, te hace humano. Y un líder humano es mucho más inspirador que un robot perfecto. Mostrar vulnerabilidad no significa derrumbarse o mostrar inseguridad constante, sino más bien tener la valentía de decir: «Hoy no lo hice bien, pero aprendí algo y mañana lo intentaré de nuevo». Esa actitud transmite al equipo que cometer errores es parte del proceso y que lo importante es la actitud para levantarse. No se trata de ser el tipo que nunca se equivoca, sino el tipo que se levanta cada vez que cae y sigue adelante con más fuerza y determinación.

Ser un líder que inspira implica ser alguien que va más allá de los éxitos individuales. Es alguien que está dispuesto a compartir los méritos, que muestra aprecio por los esfuerzos colectivos y que entiende que el éxito de uno es el éxito de todos. No puedes pretender inspirar si solo buscas tus propios logros. La inspiración verdadera viene cuando todos en el equipo sienten que son parte de algo mayor, algo que vale la pena. Un líder inspirador tiene la capacidad de conectar el trabajo diario con una visión más grande, de hacer sentir a cada miembro que su aporte, por pequeño que parezca, es crucial para alcanzar unas metas significativas. Esto, más que cualquier palabra grandilocuente, es lo que verdaderamente mueve a las personas.

Piensa en la gente que te ha inspirado. Rara vez eran personas que lo tenían todo resuelto. Más bien, eran aquellos que, a pesar de los obstáculos, mostraban determinación y resiliencia. Eran aquellos que, sin importar cuántas veces cayeran, se levantaban y seguían avanzando. No eran perfectos, pero su capacidad de persistir, de mantener la fe y la confianza, incluso en los momentos más oscuros, es lo que los hacía inspiradores. Esa es la clase de líder que debes aspirar a ser. La inspiración, en el liderazgo, es la capacidad de mostrar ese empuje y contagiarlo a los demás. Es ser capaz de decir: «Sí, hoy fue difícil, pero seguimos adelante porque creemos en lo que estamos haciendo».

Además, no olvides que la inspiración está en la coherencia. No puedes inspirar a tu equipo si lo que dices no concuerda con lo que haces. La coherencia entre tus palabras y tus acciones es lo que genera confianza, y la confianza es la base de cualquier liderazgo inspirador. Si le dices a tu equipo que deben mantener la calma bajo presión, pero tú eres el primero en perder los nervios ante un problema, entonces pierdes credibilidad. Inspirar es ser un ejemplo viviente de lo que predicas, es liderar con el ejemplo, día tras día, sin descanso y sin excepciones. La inspiración requiere disciplina, coherencia y un sentido profundo de responsabilidad hacia los demás.

Por último, recuerda que la inspiración también tiene que ver con la visión a largo plazo. No se trata solo de superar los desafíos inmediatos, sino de mantener viva la esperanza y el propósito. Tu equipo necesita ver que hay un horizonte, un objetivo al cual se dirigen, y que cada esfuerzo, cada sacrificio, tiene un sentido dentro de ese propósito. La inspiración no es solo energía momentánea, es un compromiso constante con algo que vale la pena. Y ese compromiso, demostrado día tras día, es lo que convertirá a un líder común en un líder que deja huella.

Ejemplo práctico: Motiva cuando todo está en llamas

Hay momentos en los que liderar es como intentar apagar un incendio con una manguera de jardín. Todo parece estar en llamas: plazos incumplidos, clientes enfadados y un equipo que parece que está a punto de colapsar. Ahí es cuando un verdadero líder se diferencia del resto. Porque inspirar en los buenos momentos es fácil, pero hacerlo cuando todo está cayéndose a pedazos... Eso es lo que realmente cuenta.

Imagínate que un proyecto crítico se va al garete a última hora. El cliente no está contento y el equipo está claramente agobiado. Ahí es cuando debes juntarlos a todos y decir: «Vale, se nos ha ido a la mierda, pero este no es el fin del mundo. Todos cometemos errores y ahora tenemos la oportunidad de aprender de esto y ser mejores». No se trata de ignorar lo que ha pasado o minimizar el impacto, sino de poner las cosas en perspectiva y darles a todos un motivo para seguir empujando.

Inspira siendo honesto, sin azúcar, pero también sin derrotismo. Dales una esperanza realista, algo en lo que puedan trabajar. Muestra tu compromiso y ellos también se comprometerán.

Ejercicio: Diseña tu discurso motivador de emergencia (sin charlas TED, por favor)

Vamos a ponerte a trabajar. Imagina un momento de crisis en tu equipo. Piensa en algo que podría ir mal y que requeriría que dieras un paso adelante y motivaras a tu equipo. Ahora, diseña un discurso para ese momento.

No necesitas hablar durante diez minutos. Con que tengas algo contundente que puedas decir en dos o tres minutos será suficiente. Debes enfocarte en reconocer el problema, resaltar la capacidad de tu equipo y establecer la forma en la que juntos van a afrontar la situación. Hazlo sin adornos ni grandilocuencias, pero con la honestidad suficiente para que los demás sepan que estás con ellos.

Un ejemplo podría ser algo como: «Esto es un golpe duro, lo sabemos todos. Pero también sabemos que cada obstáculo es una oportunidad para demostrar de qué estamos hechos. Hemos superado cosas peores y juntos vamos a salir de esta más fuertes. Ahora, enfoquémonos en las soluciones».

No tiene que ser perfecto, ni hacer que todo el mundo aplauda. Pero si consigues que se levanten, se sacudan el polvo y se pongan manos a la obra, habrás cumplido tu objetivo.

La diferencia entre motivar e inspirar

Es importante diferenciar entre motivar e inspirar. Motivar a alguien puede ser algo temporal, algo como un empujón rápido para que se levanten y sigan adelante. Es esa pequeña dosis de energía que ayuda a completar una tarea o a salir de un estado de desánimo momentáneo. La motivación puede venir de un discurso poderoso, de un bono económico, de una palabra de aliento, o incluso de un desafío que active la competitividad en alguien. Sin embargo, inspirar a alguien implica crear una llama que sigue ardiendo después de que te hayas ido. La motivación es como una chispa, pero la inspiración es como una brasa que arde lentamente y perdura, incluso cuando el momento motivacional ha pasado. Es lo que queda cuando ya no estás frente a tu equipo, lo que los impulsa a seguir adelante por convicción propia.

La inspiración no es simplemente un destello de energía momentánea, es algo mucho más profundo. Para ser un líder inspirador no puedes confiar solo en las pequeñas chispas de motivación. Necesitas darle a tu equipo algo más grande, algo a lo que puedan aferrarse en los momentos difíciles. Es su sentido de propósito. Quizá sea una misión común que todos compartís, un objetivo ambicioso o un proyecto que les entusiasme de verdad. Lo que sea debe ser algo que les haga sentir que lo que están haciendo tiene sentido y que va más allá de la rutina diaria. Necesitan sentir que su trabajo contribuye a un bien mayor, que hay una razón de peso detrás de cada esfuerzo, y esa razón debe ser lo suficientemente potente como para inspirar, incluso cuando la motivación temporal se desvanezca.

Inspirar implica conectar emocionalmente con tu equipo. Conocerlos a nivel personal, saber qué les apasiona, cuáles son sus valores y qué es lo que realmente los mueve. Cuando conoces lo que cada uno valora, puedes ayudarles a ver cómo sus esfuerzos contribuyen a un propósito que resuena con ellos. La inspiración no viene de la nada, se construye a través de cada interacción, a través de la confianza y la autenticidad. Si tu equipo siente que eres genuino y que estás comprometido con algo más grande que tú mismo, esa autenticidad les inspirará a comprometerse también.

Un líder inspirador también debe ser capaz de dar esperanza. En los días más oscuros, cuando los problemas parecen insuperables, el líder inspirador encuentra una manera de encender esa chispa de esperanza que hace que el equipo siga adelante. Es en esos momentos cuando la diferencia entre motivar e inspirar se hace más evidente. La motivación puede ser útil para resolver un problema inmediato, pero la inspiración es lo que mantiene a tu equipo unido, decidido y enfocado a largo plazo. Inspirar es ayudar a las personas a ver el camino cuando todo parece perdido. Es decirles: «Sí, estamos pasando por una situación difícil, pero confío en vosotros y sé que saldremos de esta más fuertes». Esa es la diferencia entre simplemente impulsar a alguien y hacer que sientan que pueden lograr cualquier cosa.

Además, la inspiración es profundamente personal. Cada persona tiene su propia fuente de inspiración y, como líder, es tu responsabilidad descubrir qué es lo que hace vibrar a cada miembro de tu equipo. Para algunos, la inspiración viene de un sentido de pertenencia, de ser parte de algo más grande que ellos mismos. Para otros, puede ser el deseo de mejorar, de superar sus propios límites, de aprender y crecer. También puede ser el deseo de hacer una diferencia en la vida de los demás. No puedes inspirar a tu equipo con una fórmula única; necesitas descubrir lo que motiva a cada individuo de manera profunda y utilizar esa información para conectar su trabajo con sus aspiraciones personales.

Como líder, tu trabajo es ayudar a tu equipo a ver más allá del día a día. Mostrarles la imagen completa, conectar su trabajo con algo que importe. A veces, esto significa compartir las historias de éxito del equipo, mostrar cómo su trabajo ha impactado en los clientes o en la comunidad. Otras veces, significa simplemente recordarles por qué empezaron este viaje en primer lugar. Así, en los días más duros, podrán recordar por qué están ahí y por qué vale la pena seguir adelante. Ser un líder inspirador implica mantener viva esa llama, incluso cuando el viento sople en contra. No basta con encenderla una vez; tienes que protegerla y nutrirla constantemente, para que nunca se apague.

La inspiración también requiere consistencia. No puedes ser una fuente de inspiración un día y desaparecer al siguiente. Tu equipo necesita ver que tú mismo estás comprometido, que no solo predicas, sino que también practicas lo que dices. Inspirar no trata solo sobre palabras, sino sobre acciones. Si tú muestras determinación, resiliencia y compromiso, tu equipo lo verá y se sentirá inspirado a hacer lo mismo. Y cuando inspiras, no solo consigues que tu equipo cumpla con sus tareas; consigues que lo hagan con pasión, con ganas, porque sienten que están trabajando para algo que realmente vale la pena. Esa es la diferencia entre motivar e inspirar, y es lo que define a los líderes que dejan huella de aquellos que simplemente pasan desapercibidos.

Inspirar no es manipular

Antes de que te vayas con demasiada energía de este capítulo, es importante hacer una distinción crítica: inspirar no es manipular. La línea entre ambas puede ser muy delgada si no tienes cuidado, y cruzarla tiene consecuencias serias. Nunca utilices la inspiración como una herramienta para engañar a tu equipo o para que hagan algo que no les beneficiará en absoluto. La verdadera inspiración proviene de un lugar de autenticidad y propósito compartido, mientras que la manipulación está impulsada por intereses egoístas y carece de la ética necesaria para construir relaciones duraderas.

La inspiración debe ser genuina y siempre debe buscar el beneficio del equipo y el propósito común. Debes hacer sentir a cada miembro del equipo que el esfuerzo tiene un propósito que los incluye a todos, que cada persona está creciendo y aportando al mismo tiempo. Inspirar significa ser honesto y transparente acerca de las metas y cómo estas pueden ser alcanzadas mediante el esfuerzo colectivo. En cambio, manipular significa imponer tu voluntad sobre otros de manera que favorezca solo a tus intereses, sin considerar cómo afecta al grupo.

La manipulación destruye la confianza, y una vez que pierdes la confianza de tu equipo, no hay inspiración ni motivación que pueda recuperarla. La confianza es la piedra angular de cualquier relación exitosa, y cuando se ve comprometida, el equipo se resiente y la conexión se pierde. Incluso si logras resultados a corto plazo a través de tácticas manipuladoras, a largo plazo esto erosionará el compromiso y la moral de tu equipo. Un equipo manipulado puede producir durante un tiempo, pero eventualmente se romperá, y el coste para reparar ese daño será enorme.

Es fundamental que te preguntes siempre cuáles son tus intenciones detrás de tus acciones. Si tu objetivo es ayudar al equipo a crecer y alcanzar el éxito mientras respetas sus necesidades y sus límites, entonces estás inspirando. Pero si estás tratando de convencer a alguien de hacer algo que va en contra de sus intereses, o si usas tácticas que les hacen sentir obligados de una manera incómoda, entonces estás entrando en el terreno de la manipulación. Inspirar implica crear un entorno seguro donde todos puedan expresar sus ideas, donde el esfuerzo individual es valorado y el reconocimiento es compartido. Significa, además, que tus acciones como líder están alineadas con tus palabras y promesas.

Así que, mantén siempre una intención clara y honesta cuando trates de inspirar a los demás. Ser un líder inspirador implica un profundo sentido de responsabilidad: se trata de guiar con el ejemplo, de ser la persona que deseas que los demás sean, y de asegurarte de que cada miembro de tu equipo se sienta valorado y apoyado. Asegúrate de que tu inspiración sea inclusiva y esté orientada al bienestar común. Solo así podrás construir un liderazgo sólido, basado en el respeto mutuo, y podrás mantener la confianza de tu equipo en el largo plazo. Si inspiras desde la honestidad y la empatía, el impacto que tendrás será duradero y mucho más poderoso que cualquier resultado que pudieras obtener a través de la manipulación.

Recuerda: inspira todos los días, no solo cuando te convenga

No te equivoques: ser un líder que inspira a su equipo no es una tarea ocasional. No es algo que puedes encender y apagar cuando te resulte conveniente. La inspiración es parte de la cultura que construyes día a día, es un compromiso inquebrantable que se cultiva con cada acción, cada palabra y cada decisión que tomas. Inspirar no se trata solo de momentos grandiosos, se trata de la perseverancia constante, de mostrar dedicación cuando las cosas van bien y, sobre todo, cuando las cosas se complican o van mal. La inspiración se crea con la constancia, con la disciplina de buscar siempre lo mejor para tu equipo y para ti mismo. No puedes esperar que tu equipo se comprometa si tú no lo estás; no puedes pedir entrega si tú no estás dispuesto a dar el máximo en cada situación.

Si quieres inspirar, debes ser consistente, debes estar allí en cada momento, y debes ser genuino. Esto significa mostrarte tal cual eres, aceptar tus vulnerabilidades y usarlas para conectar con los demás. No hay inspiración si hay máscaras o si solo estás allí cuando es conveniente para ti. La autenticidad es lo que permite a los demás confiar en ti, y la confianza es la base de cualquier equipo que quiera alcanzar grandes cosas. Cuando eres auténtico, tus acciones se alinean con tus palabras y tu equipo puede ver claramente que realmente crees en lo que dices. No se trata de ser perfecto, se trata de ser humano y demostrar que, incluso con tus propias luchas, estás dispuesto a darlo todo por el bien común.

El líder aburrido y predecible no tiene lugar aquí. Ese tipo de líder que solo aparece para marcar la hoja de ruta y luego se esfuma no logra dejar huella. ¡Sé tú el líder que todos desearían tener, alguien que muestra pasión, que comparte la lucha y que cada día busca encender la chispa en los demás! El líder que no teme ensuciarse las manos, que está ahí tanto en las victorias como en las derrotas. Un líder que se alegra de los logros colectivos y que da ánimo cuando los tiempos son difíciles. Nadie recuerda al jefe que simplemente gestionaba el calendario y cumplía con lo mínimo, pero todos recuerdan al líder que les hizo sentir que podían conquistar el mundo, que les dio las herramientas y la inspiración para ser mejores. Las personas no siguen a los jefes, siguen a aquellos que les muestran el camino con convicción y entusiasmo.

Así que sal ahí, inspira a tu equipo y haz que ese aburrimiento sea cosa del pasado. Convierte cada día en una oportunidad para motivar, alentar y transformar lo ordinario en algo extraordinario. La inspiración no es un lujo, es una necesidad en cualquier equipo que aspire a ser excelente. Si no inspiras, si no haces que cada día cuente, ¡eres aburrido! Punto. Así de simple. La inspiración es la chispa que prende la llama del compromiso, y esa llama es lo que mantiene el motor del equipo funcionando, incluso en las condiciones más adversas. No subestimes el poder de tu impacto como líder; cada palabra, cada gesto, cada decisión tiene el potencial de encender o apagar esa chispa. Asegúrate de ser siempre quien la enciende.

Capítulo 5

DELEGAR NO ES PARA FLOJOS, ES PARA LISTOS

«No puedes hacer grandes cosas
si te ocupas de las pequeñas».
–John C. Maxwell

Vale, llegó la hora de hablar de eso que tanto te da urticaria: delegar. Dejemos algo claro desde el principio: si crees que delegar es de vagos, estás condenando a tu equipo (y a ti mismo) al fracaso. No es cuestión de sacudirte las responsabilidades porque te da pereza, sino de repartir el trabajo de manera inteligente. Delegar es el truco de los que saben que no pueden ni deben controlarlo todo. Pero, claro, también requiere confianza, sentido común y, sobre todo, la valentía para dejar a otros coger el volante.

Delegar también es un ejercicio de humildad, porque implica reconocer que no eres imprescindible en todas las tareas. Requiere aceptar que otros también tienen capacidades y que, en muchas ocasiones, esas capacidades pueden incluso superar las tuyas en determinadas áreas. Es como tener un equipo de superhéroes, cada uno con sus habilidades particulares. No tiene sentido intentar hacerlo todo tú cuando tienes un *Iron Man* en diseño y una *Wonder Woman* en redacción. Ellos también tienen sus superpoderes, y tu trabajo es asegurarte de que cada uno pueda brillar con luz propia.

En este capítulo, te voy a ayudar a entender cómo y por qué delegar es una de las claves más importantes para liderar bien. Pero te lo advierto ya: esto no se trata de poner los pies en la mesa y mirar cómo los demás se las arreglan. Delegar es algo que hay que aprender a hacer con astucia, con sentido común y, sobre todo, con una claridad alucinante. También se trata de aprender a guiar sin microgestionar, a confiar sin volverse despreocupado y a establecer un balance adecuado entre el acompañamiento y la independencia. Vas a aprender a cómo soltar el control sin morir en el intento y, además, sin dejar de ser el líder que todos respetan. Porque soltar el control no significa desaparecer del mapa, sino saber cómo estar presente de la manera correcta.

Y si te quedas hasta el final, tendrás tu «Plan de Delegación Zen», para que ni te metas donde no debes ni lo dejes todo a la buena de Dios. Este plan no solo te ayudará a repartir el trabajo, sino también a convertirte en un mejor líder que potencia a los suyos. Delegar bien te hará crecer, tanto a ti como a los que trabajan contigo. ¡Vamos a ello!

Si lo haces todo tú, al final lo harás mal. Así de simple

Si estás intentando hacerlo todo tú, probablemente estés equivocado en dos cosas. La primera: crees que nadie puede hacerlo mejor que tú (te aseguro que puedes estar equivocado). La segunda: piensas que, si no lo haces tú, no se hará. Y esto, colega, te va a pasar factura. Cuando intentas ser el líder todopoderoso, acabas convirtiéndote en un cuello de botella. Es como si tuvieras una autopista de seis carriles y de repente, por tu culpa, todos tienen que reducirse a uno solo. Todo va más lento, con más accidentes y muchos bocinazos.

El problema es que la sobrecarga te va desgastando y, al final, acabas siendo ineficaz en lo que realmente importa.

No puedes ser el mejor en todo y tampoco puedes estar en todas partes. Intentar hacerlo es una receta para el fracaso, no solo tuyo, sino también del equipo. Te convertirás en ese obstáculo constante que impide el avance. Tus habilidades como líder no se miden por cuántas tareas puedes hacer, sino por cuánto logras que tu equipo crezca y prospere. ¿Te has preguntado alguna vez por qué grandes líderes no están cargando con las pequeñas tareas diarias? Es porque saben dónde enfocar su energía.

Entender esto es un gran primer paso. La realidad es que, cuando delegas, te das la oportunidad de centrarte en lo que realmente importa: liderar, motivar y asegurar que tu equipo está en el camino correcto. Delegar te permite convertirte en el arquitecto de la visión, en el estratega que planifica y piensa en el futuro en lugar de estancarte en el presente. Si te pasas todo el día apagando incendios, nunca podrás dedicarte a ser el bombero jefe que planifica y evita que el fuego se extienda.

Pero delegar no solo significa quitarte peso de encima, sino también darle a tu equipo la oportunidad de desarrollar sus habilidades. Cuando les das espacio para actuar, estás contribuyendo a que cada uno de ellos crezca, y eso fortalece a todo el equipo. Estás construyendo un equipo que no solo depende de ti, sino que es autónomo y resiliente. La clave para ser un buen líder es formar personas que puedan desempeñarse incluso en tu ausencia. Si no puedes irte tranquilo un día, porque sientes que todo se desmoronará sin ti, entonces no estás liderando, solo estás controlando. Y eso no es lo mismo.

Delegar también te permite dar ejemplo. Si los miembros de tu equipo ven que confías en ellos y que les asignas responsabilidades importantes, empezarán a tener más confianza en sí mismos y a sentirse más motivados. La gente quiere sentir que aporta valor, que su trabajo es relevante. Cuando delegas, les estás diciendo que confías en su capacidad para cumplir con algo significativo. Y esa confianza puede ser una fuente de motivación muy poderosa.

Así que, la próxima vez que te veas intentando hacerlo todo, recuerda: el liderazgo no se trata de ser el más ocupado, sino de ser el más efectivo. Y la efectividad solo se logra cuando aprendes a confiar en los demás y a darles la oportunidad de contribuir. La realidad es que, para llegar más lejos, necesitas apoyarte en otros. Sí, podrías avanzar más rápido si lo hicieras todo tú, pero la pregunta es: ¿hasta cuándo podrás mantener ese ritmo antes de quemarte por completo?

El verdadero liderazgo se trata de construir algo que sea sostenible y de largo plazo. Y para eso, delegar es esencial. Confiar en los demás, compartir la carga, y centrarte en las tareas que solo tú puedes hacer de verdad te permitirá convertirte en el líder que necesitas ser, el que tu equipo necesita que seas, y no solo un ejecutor agotado.

Deja de querer controlarlo todo, o lo perderás todo

Hay una frase que seguramente te han dicho mil veces: «Si quieres que algo se haga bien, hazlo tú mismo». Es una frase de mierda. Sí, así de claro. Porque el liderazgo efectivo no va de hacerlo todo uno mismo, va de lograr resultados a través de otras personas. Y eso implica que vas a tener que soltar el control.

Delegar requiere confianza. ¿Y sabes cuál es el truco para tener confianza en los demás? Darles la oportunidad de demostrártelo. Si nunca permites que los miembros de tu equipo hagan algo por ellos mismos, siempre pensarás que no son capaces. Y, de paso, les estarás quitando la oportunidad de aprender y crecer. Es fundamental entender que cuando te resistes a delegar, te estás perdiendo la oportunidad de ver hasta dónde pueden llegar los miembros de tu equipo. La falta de confianza se convierte en un círculo vicioso: no delegas porque no confías, y al no delegar, nunca desarrollan las habilidades necesarias para ganarse esa confianza.

Es como cuando enseñas a un niño a montar en bici: tienes que soltar el sillín en algún momento y dejar que se tambalee un poco. Puede que al principio no vaya perfecto, pero lo que logrará es su independencia. Así que suelta el maldito sillín. Delegar es parecido: sí, es posible que los resultados no sean perfectos las primeras veces, pero la experiencia es la mejor forma de aprendizaje. Si sigues controlando cada pequeño detalle, no solo estás agotándote a ti mismo, sino que estás privando a los demás de la oportunidad de crecer y de sentirse valiosos dentro del equipo.

A veces pensamos que delegar solo se trata de distribuir tareas para quitarnos carga de encima, pero en realidad es una herramienta poderosa para potenciar a las personas que te rodean. Les das el espacio para desarrollar competencias, explorar nuevas ideas y, lo más importante, ganar autonomía. La independencia y la autonomía no solo son buenas para ellos, sino también para ti como líder. Cuando tu equipo tiene confianza en sus habilidades, el conjunto del equipo se convierte en algo más grande que la suma de sus partes.

Además, debes entender que, al soltar el control, también estás fomentando un ambiente donde la innovación y la creatividad pueden florecer. Cuando los miembros de tu equipo sienten que tienen el poder de actuar, están más dispuestos a aportar nuevas ideas y a asumir retos. Nadie quiere sentirse como un simple ejecutor que sigue órdenes al pie de la letra; quieren sentirse parte de algo más grande, y delegar les ofrece esa posibilidad.

Delegar no significa simplemente repartir tareas, sino también dar autoridad. Implica que los demás sientan que tienen el poder y la responsabilidad de tomar decisiones dentro de su ámbito. Y esto no es fácil. Para que delegar sea efectivo, también necesitas establecer expectativas claras, proporcionar la formación adecuada y estar disponible para guiar cuando sea necesario, pero sin intervenir a la mínima señal de problemas.

Así que, la próxima vez que te encuentres pensando que nadie puede hacer algo tan bien como tú, recuerda que esa actitud no solo te desgasta, sino que limita el crecimiento de tu equipo. Un buen líder no es aquel que lo hace todo, sino el que sabe cómo potenciar a los demás para que den lo mejor de sí mismos. Suelta el control y verás cómo, al final, el conjunto crece más de lo que podrías haber imaginado.

Una vez más, suelta el maldito sillín, dale a tu equipo la libertad de caer, de aprender y, eventualmente, de volar. Porque cuando cada miembro del equipo puede pedalear solo, es cuando realmente empiezas a ganar velocidad como grupo. Delegar es el arte de formar más líderes, no más seguidores.

El arte de soltar el control sin morir en el intento

No te engaño, soltar el control puede ser aterrador. Dejar en manos de otras personas cosas que sabes que podrías hacer rápido y «bien» puede generar bastante ansiedad. Sentir que algo podría no salir como esperas, que quizá alguien se equivoque o no lo haga tan perfecto como tú lo harías, puede ser una fuente constante de inquietud. Pero si no aprendes a hacerlo, vas a terminar sobrecargado, agotado y, eventualmente, vas a cometer errores fatales. Es como intentar llevar el peso de un coche en marcha: tarde o temprano, acabarás destrozado. Delegar no es solo una cuestión de eficiencia, es también una cuestión de supervivencia. Tienes que aprender a compartir el peso o no llegarás lejos.

El primer paso para soltar el control es tener claro qué puedes y qué no puedes delegar. Piensa en las tareas que solo tú puedes hacer y las que podrías enseñar o encargar a alguien más. Pero, ¡ojo!, no se trata de ir por la oficina dejando que cualquiera haga cualquier cosa. Necesitas identificar a la persona adecuada para la tarea adecuada. Eso implica conocer a tu equipo, saber en qué son buenos, cuáles son sus fortalezas y sus puntos de mejora. Al identificar correctamente a la persona para cada tarea, no solo estás asegurándote de que el trabajo se haga, sino de que se haga bien.

Delegar también implica saber soltar las expectativas de perfección. Puede que no siempre salga todo perfecto, pero eso no significa que no esté bien hecho. Delegar con éxito no solo es transferir la tarea, sino también ofrecer la confianza y el respaldo necesarios para que la persona que la asuma tenga la libertad de hacerla a su manera. En esto la autonomía es clave. Eso significa que también debes aceptar que los resultados podrían no ser idénticos a cómo lo habrías hecho tú, pero mientras el resultado sea satisfactorio y el objetivo se cumpla, eso es lo que importa.

Una buena regla general: si alguien puede hacer la tarea al menos un setenta por cien tan bien como tú, es una tarea delegable. Recuerda que el setenta por cien no es una nota de suspenso, es la puerta para mejorar. Al delegar, no estás solo buscando quitarte trabajo de encima; estás creando oportunidades de crecimiento para tu equipo. Lo único que debes hacer después es asegurarte de estar disponible para guiar, pero no para intervenir cada vez que haya un pequeño problema. Guiar significa estar ahí cuando se necesite apoyo, ofrecer herramientas y consejos, pero también dejar espacio para que otros puedan experimentar, cometer errores y aprender de ellos.

Así, podrás ver cómo tu equipo mejora y crece, mientras tú te concentras en ser un verdadero líder. Un verdadero líder no está agobiado con las pequeñas tareas del día a día; un verdadero líder está construyendo la visión de su equipo, mirando hacia el futuro, desarrollando nuevas estrategias y garantizando que cada persona en su equipo tenga la oportunidad de desplegar todo su potencial. Y esa es la magia de delegar bien: no solo repartes trabajo, sino que creas las bases para un equipo más autónomo, más fuerte y mucho más eficaz.

Ejemplo práctico: El arte de soltar el control sin morir en el intento

Imagínate que eres el director de un estudio creativo y tienes que presentar un proyecto a un cliente importante. Es fácil pensar que tú eres la mejor persona para hacerlo todo: diseñar, escribir el informe y preparar la presentación. Pero espera. ¿Y si en lugar de eso, delegas cada una de esas tareas a los miembros más competentes de tu equipo?

Ana es genial escribiendo, así que ella puede ocuparse del informe. Marcos tiene una mente visual espectacular, así que le pides que prepare la presentación. Mientras ellos se encargan de esas tareas, tú puedes centrarte en afinar la estrategia general y asegurarte de que el mensaje sea coherente.

Lo mejor de todo: el cliente estará impresionado con el trabajo en equipo y no solo contigo. Ana y Marcos se sentirán más involucrados y valorados, y la calidad del trabajo final será mucho mejor que si hubieras intentado hacerlo todo tú solo, en modo *Superman* agotado.

Ejercicio: Crea tu «Plan de Delegación Zen» (y no te metas donde no debes)

Para ayudarte a soltar el control y delegar de forma eficaz, vamos a desarrollar un «Plan de Delegación Zen». Este plan te ayudará a saber cómo, cuándo y a quién delegar sin sentir que pierdes el control de todo.

1. *Haz una lista de tus responsabilidades actuales.* Enumera todo lo que haces en un día normal. Desde responder correos hasta tomar decisiones importantes.
2. *Clasifica las tareas.* Divide tu lista en tres categorías: tareas que solo tú puedes hacer, tareas que podrías enseñar a otros y tareas que podrían hacer otros con muy poca orientación.
3. *Elige a las personas adecuadas.* Piensa en los miembros de tu equipo y cómo sus habilidades se alinean con cada tarea. No se trata solo de elegir al que «parece más disponible», sino de buscar el mejor ajuste para cada actividad.

4. *Crea un plan de acción.* Define cómo será el proceso de delegación, dándoles suficiente contexto, expectativas claras y tiempos realistas.
5. *Deja de entrometerte.* El paso más difícil: confía. Si delegaste bien, tu equipo podrá hacerlo. Solo debes intervenir si algo va realmente mal, no porque quieras que lo hagan «a tu manera».

Cuando tengas claro qué cosas puedes dejar a los demás y estés dispuesto a confiar, notarás una gran diferencia. No solo tu equipo se sentirá más empoderado, sino que tú tendrás la libertad mental y emocional de enfocarte en lo que verdaderamente importa.

¡Y listo! Ahora que tienes tu «Plan de Delegación Zen», es hora de ponerlo en práctica. Verás que soltar el control puede ser hasta liberador. Y, sobre todo, es la manera más inteligente de sacar lo mejor de tu equipo y de ti mismo como líder.

Si quieres avanzar de verdad, suelta el maldito control

Delegar no es fácil y, a menudo, implica ceder poder, confianza y protagonismo. Es natural sentir cierto temor al dejar ir algunas responsabilidades, especialmente si estás acostumbrado a tenerlo todo bajo control. Sin embargo, debes comprender que este acto de ceder no te hace menos líder, sino todo lo contrario: te transforma en un líder más inteligente y consciente. Porque la realidad es que los grandes líderes no están para hacerlo todo ellos mismos, sino para construir un equipo capaz de hacerlo incluso mejor.

Delegar implica confiar en los talentos de los demás, reconocer sus habilidades y darles la oportunidad de brillar. Cuando delegas, estás invirtiendo en el crecimiento de las personas a tu alrededor, fomentando una cultura de confianza y autonomía. Esto no solo eleva el desempeño del equipo, sino que también contribuye a crear un ambiente de trabajo donde todos se sienten valorados y empoderados. Imagina un equipo donde cada miembro sabe exactamente qué hacer, se siente seguro de sus capacidades y entiende cómo contribuir al éxito colectivo. Ese es el resultado de un líder que sabe delegar.

Si eres capaz de soltar el control con inteligencia, encontrarás que tu equipo no solo mejora, sino que tú también creces como líder. El acto de delegar te permite enfocarte en las decisiones estratégicas, en innovar, en trazar la visión del futuro y en afrontar los grandes desafíos que realmente requieren de tu atención. Adicionalmente, verás cómo surgen nuevas ideas y soluciones que no habrías imaginado si siempre estuvieras haciendolo todo tú mismo. Al soltar el control, das espacio para la creatividad y la colaboración, y esos son los motores que impulsan la verdadera innovación.

Así que, la próxima vez que sientas la tentación de hacerlo todo tú mismo, recuerda que cada vez que delegas, estás dando un paso hacia un liderazgo más efectivo. Delegar no es para flojos, es para listos. Es para quienes entienden que su mayor fortaleza radica en hacer que todo el equipo funcione a su máxima capacidad. En definitiva, un líder no se mide por la cantidad de tareas que realiza, sino por la cantidad de personas a las que inspira y potencia. Aprende a soltar, a confiar y verás cómo tu equipo y tú alcanzáis alturas insospechadas.

Capítulo 6

LIDERAR CREATIVOS ES COMO PASTOREAR GATOS

«La creatividad es la inteligencia divirtiéndose».

– Albert Einstein

Ser líder de un equipo creativo no es para los corazones frágiles. Esto no es una empresa ordinaria donde todo se mueve a golpe de procesos rígidos y horarios cuadriculados. Aquí, el caos y la genialidad conviven en una danza que puede ser tan inspiradora como desquiciante, tan caótica como armoniosa. Y tu trabajo, querido líder, es lograr que esos locos creativos –esos gatos imposibles de pastorear– sigan corriendo en la dirección correcta sin despeñarse por el precipicio de la desorganización total. No se trata solo de coordinar tareas o cumplir plazos, se trata de manejar personalidades complejas, encontrar el equilibrio entre dar libertad y mantener el control, y, sobre todo, alimentar constantemente el fuego de la inspiración para que no se apague.

¿Suena fácil? Pues no lo es. Pero te aseguro que liderar un equipo de mentes brillantes, desordenadas y llenas de ideas a medio cocinar puede ser la experiencia más gratificante de tu carrera. Porque, cuando los «gatos» trabajan juntos, alineados hacia un mismo objetivo, logran crear cosas tan impresionantes que hasta el felino más testarudo se sentirá orgulloso. Cada proyecto exitoso, cada idea que finalmente tome forma y se convierta en algo tangible, te llenará de una sensación de logro incomparable.

Este capítulo es para ti, para que puedas hacer que esos momentos de pura magia sucedan más a menudo, para que aprendas a ser el catalizador de ese caos creativo que lleva a resultados extraordinarios.

Y es que los equipos creativos no son como cualquier otro grupo de trabajo. Aquí el talento no se mide solo en habilidades técnicas o conocimientos específicos, sino en la capacidad de soñar sin límites, de imaginar lo imposible y luego arremangarse para hacerlo realidad. Como líder, tu reto es crear un ambiente donde esas capacidades se desarrollen al máximo. Tendrás que ser capaz de inspirar cuando la moral esté baja, de aportar dirección cuando el equipo se sienta perdido, y de saber cuándo es el momento de dejarles volar solos sin interferencias.

Liderar un equipo creativo implica también lidiar con emociones intensas. La creatividad, por su propia naturaleza, está llena de altibajos: momentos de pura euforia seguidos de incertidumbre y dudas. Un día sentirás que el equipo está tocando las estrellas, y al siguiente puede que parezca que todo se está desmoronando. Aquí es donde tu rol como líder se vuelve crucial: ser el pilar de estabilidad en medio de la tormenta, el que mantiene la calma y encuentra el camino, incluso cuando parece que no hay salida. Ser líder de creativos es ser, al mismo tiempo, su guía, su apoyo y su más ferviente admirador.

Así que, prepárate para un viaje lleno de sorpresas, altibajos y desafíos constantes. Pero también prepárate para la recompensa única que supone ver a tu equipo lograr cosas que parecían imposibles. Cuando esos «gatos» finalmente se alinean y trabajan juntos, no hay nada mejor en el mundo laboral que pueda compararse a esa sensación.

Este capítulo está diseñado para que aprendas cómo hacer de lo extraordinario algo habitual, cómo transformar el potencial en resultados y cómo disfrutar del proceso sin perder la cordura en el camino.

Gestionar a gente creativa es un circo, pero uno divertido si lo haces bien

Si alguna vez has tratado de explicarle a alguien cómo es el día a día liderando un equipo creativo, probablemente hayas recibido una mirada confundida: «¿Cómo que cada uno tiene su propio horario? ¿Y cómo es eso de que las reuniones se hacen en sofás o que se necesitan días enteros para "buscar inspiración" en museos o en la cafetería?». Para los que no lo viven, parece un caos sin sentido. Pero tú sabes que hay un método en la locura. Lo importante no es imponer reglas cuadradas, sino dar la estructura justa para que la creatividad florezca sin ser sofocada. A veces, lo que parece un caos es simplemente la forma natural en la que se desarrollan las ideas más innovadoras. Un líder debe entender que la inspiración no siempre surge en un entorno formal; a veces, una charla informal en el sofá puede ser el detonante de la idea que revolucione un proyecto. El trabajo del líder es saber cuándo ese caos es productivo y cuándo necesita un poco más de dirección y apoyo.

El líder de un equipo creativo no puede ser simplemente «un jefe». Tienes que ser el que da un paso al frente cuando el grupo pierde el norte, pero también tienes que saber echarte para atrás cuando alguien está en su momento de brillantez. Aquí no lideras con órdenes, sino creando las condiciones para que cada uno de esos genios pueda aportar lo mejor de sí mismo. Se trata de encontrar el delicado balance entre guiar y no interferir, entre ser la voz que inspira y el oído que escucha. Tienes que ser capaz de observar y comprender las dinámicas del grupo, sabiendo cuándo una idea necesita un empujón adicional y cuándo es mejor dejar que evolucione de manera orgánica. Tu rol es ser el facilitador del proceso creativo, el que proporciona las herramientas, el apoyo y la confianza para que cada miembro del equipo se sienta empoderado y capaz de dar lo mejor de sí mismo.

Liderar un equipo creativo también significa saber adaptarse. Cada día trae consigo nuevos retos y nuevas oportunidades, y lo que funcionó ayer quizá hoy no sea lo ideal. Tendrás que ser flexible, reinventarte constantemente y estar dispuesto a probar diferentes enfoques. Liderar a un grupo creativo requiere una enorme dosis de empatía; debes entender no solo las capacidades técnicas de cada miembro del equipo, sino también sus estados emocionales. Porque sí, la creatividad está ligada a las emociones, y un equipo que se siente comprendido y valorado es mucho más propenso a generar ideas innovadoras.

Y eso, querido amigo, puede ser la diferencia entre un equipo creativo muerto de aburrimiento y otro que rebose ideas que valen millones. Cuando logras crear un ambiente donde cada persona puede ser ella misma, sin miedo a cometer errores o a ser juzgada, entonces el equipo se transforma. Las ideas fluyen, la colaboración se hace más profunda y los resultados empiezan a ser verdaderamente extraordinarios. No solo es cuestión de evitar que se aburran, sino de motivarlos continuamente, de celebrar cada pequeño logro, de mostrarles el impacto de su trabajo. De esta forma, no solo mantendrás al equipo motivado, sino que también fortalecerás el sentido de pertenencia y el compromiso con los proyectos que están desarrollando.

Deja que los locos corran, pero que no se despeñen

En un equipo creativo, «los locos» son el alma del juego. Son las personas que piensan fuera de los límites, que cuestionan lo establecido y que son capaces de ver posibilidades donde otros solo ven restricciones. Si intentas encajonarles o forzarlos a pensar como el resto del mundo, estás perdiendo el activo más valioso que tienes. Los creativos necesitan espacio para jugar, para equivocarse, para soñar sin límites. Necesitan experimentar, saltar al vacío con ideas que quizá parezcan descabelladas y aprender del proceso. Como líder, tu misión no es cortar esas alas, sino evitar que, en el proceso de exploración, el equipo se acabe despeñando por la falta de foco. La clave está en permitir que la locura creativa florezca sin llegar al punto de perder el rumbo. Si puedes manejar esa delgada línea, estarás en el camino correcto.

Dales libertad, sí, pero también guía. La creatividad no tiene por qué estar reñida con la estructura, siempre y cuando esta sirva como un marco y no como una prisión. Un buen líder sabe que, para ser efectivos, los creativos necesitan una cierta estructura que los mantenga alineados con los objetivos del proyecto. Define claramente los resultados esperados, los plazos importantes y los límites que no se pueden cruzar. Pero más importante aún, asegúrate de que esos límites no sean sofocantes. Luego, suéltales las riendas y observa cómo se las ingenian para sorprenderte. A veces, la mejor forma de guiar es proporcionándoles un propósito claro y luego permitir que cada miembro del equipo encuentre su propio camino para llegar allí.

Es importante recordar que los creativos también necesitan sentirse respaldados. La libertad que les otorgas no significa desentenderte de ellos, sino estar presente y dispuesto a intervenir cuando la situación lo requiera, estar disponible cuando necesiten orientación o apoyo. La confianza que depositas en ellos es fundamental para que se sientan empoderados y comprometidos con el proyecto.

No se trata de dejarlos a la deriva, sino de proporcionarles un entorno en el que puedan dar lo mejor de sí mismos sin sentir que tienen una cuerda al cuello.

Un equipo creativo funciona mejor cuando cada miembro se siente parte de algo más grande. No basta con darles libertad, debes inspirarles con una visión común. Tienes que ser capaz de transmitir esa visión con pasión, de tal forma que cada uno pueda ver cómo su trabajo individual contribuye al resultado final. La visión actúa como el pegamento que une las piezas del rompecabezas y les da una razón para seguir empujando, incluso cuando las cosas se ponen difíciles. Un creativo motivado por un propósito claro y apasionante es un activo imparable.

Define claramente los resultados esperados y no tengas miedo de elevar las expectativas. Los creativos responden bien al desafío, siempre y cuando sientan que tienen la libertad para explorar diferentes formas de llegar allí. Al fijar límites claros, estás creando un espacio seguro donde pueden experimentar sin el miedo constante a que algo salga desastrosamente mal. Define los objetivos, marca la línea de llegada, pero no seas quien dicte cada paso. Confía en ellos para tomar decisiones dentro de ese marco. Luego, suéltales las riendas y observa cómo se las ingenian para sorprenderte. Te aseguro que, con la libertad suficiente, combinada con una guía sabia, los resultados pueden ser mucho más grandes de lo que te habías imaginado.

Recuerda siempre que la creatividad es un proceso lleno de altibajos. Habrá días en los que todo fluya perfectamente y otros en los que el equipo entero se quede mirando una pizarra en blanco sin saber qué hacer. Como líder, debes ser paciente y entender que el proceso creativo no es lineal. Los momentos de bloqueo son tan importantes como los de inspiración, porque es en esos momentos cuando, si has creado el ambiente adecuado, el equipo puede encontrar nuevas maneras de superar los obstáculos. Ayuda a tu equipo a ver esos momentos como una parte del proceso y no como un fracaso. Apóyales para que puedan seguir adelante, manteniendo la moral alta y la perspectiva clara.

En última instancia, el objetivo es que los miembros de tu equipo se sientan valorados por lo que aportan, no solo cuando tienen éxito, sino también cuando fallan y aprenden de esos fracasos. La creatividad verdadera solo se produce cuando la gente se siente libre de tomar riesgos, y eso solo ocurre en un ambiente donde saben que está bien equivocarse, siempre y cuando aprendan y evolucionen. Así que dales la libertad que necesitan, pero también las herramientas adecuadas y la confianza para que, en su vuelo hacia lo desconocido, puedan regresar con ideas que transformen el proyecto y lleven a todo el equipo a un nuevo nivel de éxito.

Ejemplo práctico: Cómo sacar ideas geniales sin que el equipo explote

Supongamos que estás en medio de un gran proyecto y necesitas que tu equipo saque una idea brillante en una semana. El equipo, sin embargo, está atascado, sin avanzar y cada vez más frustrado. ¿Qué haces?

Primero, cambia el ambiente. Si lleváis horas encerrados en la misma sala, salid a caminar. Algunas de las mejores ideas surgen mientras la gente está haciendo cualquier cosa menos «trabajar intensamente». Lleva al equipo a un sitio diferente, invítales a que vean el problema desde un nuevo punto de vista y rompe la rutina. Esto les hará desconectar del estancamiento y reconectar con su lado más creativo.

Luego, asegúrate de que todos se sientan cómodos compartiendo cualquier idea, por muy absurda que parezca. Las ideas geniales suelen nacer de los lugares más raros, y para eso necesitas crear un ambiente donde todos se sientan seguros para equivocarse. Si un miembro del equipo está demasiado preocupado por parecer estúpido, no te sorprenderás cuando empiece a guardarse esas ideas poco convencionales que podrían ser el siguiente gran éxito.

Ejercicio: Organiza una tormenta de ideas sin convertirte en la tormenta

Organizar una buena sesión de *brainstorming* es más arte que ciencia. Lo primero que debes recordar es que la sesión tiene que ser divertida. Si una tormenta de ideas se siente como una clase de matemáticas de las malas, algo has hecho mal. Asegúrate de que el ambiente es relajado: pon algo de música, ofrece bebidas o aperitivos y déjales claro que nadie será juzgado por lo que diga.

Comienza con una pregunta abierta y déjales soñar. Dale a cada uno una libreta o pósits y haz que escriban lo primero que se les pase por la cabeza, sin filtros. Luego comparte en grupo, y en vez de tumbar ideas, construye sobre ellas. La clave está en transformar una «idea mediocre» en algo único y valioso. Recuerda: tú eres el facilitador, no el protagonista. Deja que los demás hablen y guía con preguntas que lleven la conversación más allá.

Consejos para no volverte loco en el proceso

Para liderar un equipo de creativos necesitas paciencia y una pizca de locura. Aquí van algunos consejos prácticos para no perder la cabeza en el proceso:

1. *Aprovecha la diversidad*: No todos los creativos son iguales. Algunos son más estructurados mientras otros viven en el caos. La clave está en entender qué es lo que cada uno necesita para rendir al máximo y proporcionar ese ambiente. Algunos creativos funcionan mejor en entornos organizados, con una planificación clara y un espacio tranquilo donde concentrarse. Otros, en cambio, necesitan más libertad, menos reglas y un ambiente cargado de estímulos para sentirse en su mejor momento. Identifica qué estilo funciona para cada miembro del equipo y adáptate a sus necesidades individuales. La diversidad no solo se refiere al estilo de trabajo, sino también a las perspectivas y habilidades que cada uno aporta. Aprovecha estas diferencias como una fortaleza y fomenta un ambiente donde la variedad sea celebrada y utilizada como fuente de innovación.
2. *Define objetivos claros*: No puedes controlar cómo llegarán al destino, pero sí puedes definir a dónde tenéis que llegar. Un objetivo claro proporciona el enfoque necesario para que la creatividad sea útil y tenga impacto. Los creativos tienden a perderse en las posibilidades si no se les da un rumbo claro. Define qué esperas conseguir y por qué es importante. Cuando el equipo entiende el propósito detrás del proyecto, no solo trabajan por cumplir una tarea, sino que se conectan emocionalmente

con el resultado. Los objetivos también deben ser inspiradores. Un objetivo aburrido da como resultado ideas aburridas. Establece metas ambiciosas que desafíen al equipo, que les hagan sentirse parte de algo importante. No te limites a las métricas y resultados, sino que habla de cómo ese proyecto puede impactar positivamente al público, a la empresa o incluso al propio equipo.

3. *Establece espacios para el* feedback: Un buen creativo necesita saber cuándo lo está haciendo bien y cuándo necesita ajustar. El *feedback* tiene que ser frecuente, honesto y constructivo, siempre ayudando a crecer. No te limites a los típicos informes de evaluación que se hacen cada cierto tiempo. Además, este debe ser parte de la rutina diaria y no solo del líder hacia el equipo, sino también entre los propios miembros. Promueve la cultura del *feedback* constructivo, donde no se trata de criticar, sino de aportar nuevas perspectivas que hagan que las ideas mejoren. Además, es fundamental que el *feedback* siempre se base en hechos y no en opiniones vagas. Sé específico al indicar lo que está funcionando y lo que no, y sugiere acciones concretas para mejorar. Asimismo, no olvides reconocer los logros y avances, por pequeños que sean. La motivación y la confianza del equipo se nutren de saber que su esfuerzo y sus contribuciones son valorados.

De la inspiración al resultado: el papel del líder

Como líder de un equipo creativo, no eres ni un tirano ni un espectador pasivo. Eres el que, con sutileza, mueve las piezas para que la genialidad del equipo se convierta en resultados. Eres quien observa desde la distancia, analiza las dinámicas y sabe exactamente cuándo intervenir y cuándo dejar que las cosas sigan su curso natural. Deja que «los locos» corran, pero asegúrate de que siempre sepan hacia dónde deben ir. El desafío consiste en proporcionar el espacio para la exploración y la libertad, mientras se establecen los límites claros que permitan transformar las ideas en algo tangible. Es como darles un gran lienzo donde pintar, pero asegurándote de que haya un marco alrededor para contener la obra. No intentes ser el protagonista; el líder de un equipo de creativos es como un director de orquesta: a veces guía con gestos apenas visibles, pero sin su dirección, la música simplemente no sonaría igual. Y es que la labor de un buen líder no se trata de hacer ruido, sino de lograr que todo el equipo resuene en armonía.

La próxima vez que sientas que estás perdiendo el control de tus gatos, recuerda: no se trata de llevarlos con correa, sino de hacer que correr libres tenga sentido. A veces, puede parecer que todos están yendo en direcciones diferentes y eso puede ser frustrante. Pero aquí está el secreto: si has hecho bien tu trabajo, esas direcciones aparentemente caóticas terminan por converger en un punto común. Porque el liderazgo de creativos no se trata de control estricto, sino de proporcionar un propósito, una visión y una motivación. A fin de cuentas, es esa combinación de libertad y dirección lo que convierte un grupo de mentes dispersas en un equipo de alto rendimiento capaz de crear verdadera magia. Es un equilibrio delicado entre darles el espacio necesario para explorar y experimentar, mientras les ayudas a ver el panorama completo, el cuadro que están pintando juntos. Cuando todos los elementos encajan y la visión se alinea, el resultado es como un destello de pura genialidad, y tú, como líder, serás quien haya logrado que esa magia ocurra.

Capítulo 7

ADAPTARSE O MORIR: ¡ASÍ DE CLARO!

«No es la más fuerte de las especies la que sobrevive, ni la más inteligente, sino la que mejor se adapta al cambio».
– Charles Darwin

Ser líder no se trata de ser el más listo de la sala ni el más poderoso. Tampoco es simplemente ser el más carismático. Ser líder en el mundo de hoy en día, donde los cambios son más rápidos que una historia de Instagram, significa una cosa por encima de todo: ser flexible. Tienes que ser capaz de evolucionar constantemente, de ver cada situación con ojos nuevos y de reinventarte según lo que exija el momento. Ser flexible significa poder pivotar, reajustar tus estrategias y redefinir tu enfoque sin perder la dirección general. No se trata de cambiar de rumbo cada vez que algo no va bien, sino de tener la habilidad para anticiparte y reaccionar con rapidez cuando las circunstancias lo requieren.

Si no puedes adaptarte, si no puedes pivotar cuando el mundo te lo exige, entonces mejor vete a casa, porque no durarás mucho en el juego del liderazgo. Los desafíos actuales requieren líderes que no se encasillen en una forma de hacer las cosas, sino que estén dispuestos a aprender, desaprender y reaprender continuamente. Aquí te vamos a dar una buena dosis de realidad: para ser líder en tiempos modernos, necesitas la flexibilidad de un acróbata y la mentalidad de un camaleón. La capacidad de reaccionar ante lo inesperado no solo te hace sobrevivir, sino que te permite destacar entre los demás. Cada cambio es una oportunidad de demostrar que puedes tomar decisiones rápidas y acertadas. Ser un buen líder hoy es tener la valentía de cambiar las reglas del juego cuando el terreno cambia, es estar preparado para soltar lo que ya no sirve y abrazar nuevas formas de lograr los objetivos. Es un equilibrio constante entre saber mantener lo que funciona y transformar lo que no. Para ello, necesitas confiar en tus instintos y en tu equipo, porque ser flexible no significa hacerlo todo solo; también significa saber cuándo ceder, cuándo escuchar y cuándo apoyarte en los demás. La adaptabilidad no es una habilidad blanda o secundaria, es la cualidad fundamental que define si serás capaz de llevar a tu equipo hacia el éxito o si te quedarás rezagado.

Piensa en esto: los líderes que se aferran a lo que siempre han hecho, los que se niegan a cambiar porque creen que tienen la razón absoluta, son los que acaban quedándose solos en la oficina mientras los demás avanzan. Nadie quiere seguir a un dínamo sin movimiento, nadie quiere ser parte del plan de alguien que no puede cambiar cuando todo se pone patas arriba. La adaptabilidad no es solo una habilidad, es tu boleto a la relevancia y al crecimiento. Los líderes verdaderamente exitosos son aquellos que, en lugar de resistirse al cambio, lo buscan activamente. Ven el cambio no como una amenaza, sino como una oportunidad para aprender algo nuevo y llevar a su equipo a niveles mucho más altos. La adaptabilidad significa estar dispuesto a cuestionarte a ti mismo, a revisar tus métodos y a considerar la posibilidad de que haya formas mejores de hacer las cosas. Requiere valentía, porque a nadie le gusta reconocer que puede haber estado equivocado o que hay algo más eficiente. Pero cuando eres capaz de ver más allá de tu ego y aceptar que la única constante es el cambio, entonces estás en el camino correcto para convertirte en un líder destacado.

En este capítulo, vamos a desmenuzar cómo hacer de la adaptación tu superpoder, cómo entrenarte para responder a las crisis y cómo fomentar una cultura de cambio continuo dentro de tu equipo. Porque la adaptabilidad no es solo para ti, es algo que debes inspirar en todos los que te rodean. Cuando un equipo completo está preparado para adaptarse, ningún reto es lo suficientemente grande como para detenerlos.

Si no sabes cambiar de dirección, mejor dedícate a otra cosa

En la vida hay dos tipos de líderes: los que ven los obstáculos y los que ven oportunidades donde otros se paralizan. Los primeros son los que se quedan atrapados en sus miedos, mientras que los segundos son los que se atreven a tomar riesgos y avanzar a pesar de la incertidumbre. Para los que se sienten cómodos en su zona de confort, las malas noticias son que la época de la estabilidad duradera ha terminado. Los tiempos en los que las cosas permanecían constantes durante largos periodos de tiempo se han desvanecido. Líderes que antes pudieron construir imperios aferrándose a lo conocido hoy se quedan obsoletos antes de que puedan decir «plan quinquenal». En un mundo donde la tecnología, los mercados y las expectativas cambian tan rápidamente, aferrarse a lo que siempre has hecho no es solo ineficaz, sino peligroso. ¡Despierta! Ser líder hoy en día es como ser el capitán de un barco en una tormenta perpetua: lo importante no es saber a dónde va cada ola, sino aprender a maniobrar cuando todo cambia. Es importante que comprendas que tu habilidad para ser flexible y cambiar de dirección es lo que determinará tu éxito o tu fracaso.

Para adaptarse, primero debes abandonar la idea de que todo puede ser controlado. Los líderes efectivos entienden que el control total es una ilusión. No puedes planear cada detalle; tienes que saber improvisar, aprender a leer las situaciones y a ajustar el rumbo cuando sea necesario. Debes aceptar que habrá momentos en los que tendrás que abandonar planes que habías preparado con esmero y adaptarte rápidamente a lo que la situación requiera. Y eso, amigo mío, es lo que separa a los «líderes únicos» de los «líderes olvidables». Los líderes inolvidables no se aferran a planes que no funcionan; se adaptan, aprenden y encuentran nuevas formas de seguir adelante. Ser capaz de improvisar en medio del caos es una habilidad clave que te permitirá sobresalir. Además, la improvisación no se trata de tomar decisiones al azar, sino de tener la suficiente visión y confianza para ajustar tus tácticas en función del contexto, siempre con la misión y los objetivos claros en mente. Es tener la capacidad de transformar la incertidumbre en acción, de convertir lo inesperado en una oportunidad para innovar y llevar a tu equipo hacia el éxito. Adaptarse es aceptar el cambio, abrazarlo y hacer que juegue a tu favor. Es ser como el bambú, que se dobla con el viento, pero nunca se quiebra. Si puedes aprender a ser flexible, si puedes enseñarle a tu equipo a hacer lo mismo, entonces no habrá obstáculo que no podáis superar juntos.

Ser rígido es el primer paso para el fracaso

Las estructuras rígidas se rompen, mientras que las flexibles se doblan y resisten. Esto también se aplica a tu forma de liderar. Ser inflexible, en términos de ideas o estrategias, te condenará a perder la confianza de tu equipo. La rigidez no solo afecta a la capacidad del equipo de alcanzar sus objetivos, sino que también desmotiva a los miembros que quieren aportar ideas nuevas y ver crecer el proyecto. Si eres un líder que no escucha, que no se adapta a las nuevas realidades, perderás el respeto de aquellos que te siguen. La rigidez te hará perder talentos valiosos que preferirán irse a trabajar con alguien que tenga la mente abierta, que sepa adaptarse a los nuevos desafíos. Estos talentos son los que marcarán la diferencia entre un equipo que avanza y uno que se estanca. La mentalidad del «siempre lo hemos hecho así» es tu peor enemigo. Es el enemigo del cambio, de la creatividad y de la evolución. En un entorno laboral tan cambiante como el actual, esta mentalidad puede significar la sentencia de muerte para cualquier proyecto, negocio o equipo.

Piensa en Nokia, la marca que dominó el mundo de los teléfonos móviles durante años. Mientras el mercado cambiaba y los *smartphones* emergían, Nokia se mantuvo aferrada a su forma tradicional de hacer las cosas. No lograron ver que la tecnología estaba cambiando rápidamente y que el mercado demandaba algo distinto. Su falta de flexibilidad no solo los hizo quedarse atrás, sino que, a medida que el mercado avanzaba, se convirtieron en una reliquia del pasado. No se adaptaron y ya sabes cómo acabó la historia: pasaron de ser los reyes del mundo a un caso de estudio sobre cómo no adaptarse a los cambios. Esto demuestra que ningún líder o empresa, sin importar cuán grande o exitoso sea, está a salvo de los cambios.

Si no evolucionas, si no te adaptas, el mercado te dejará atrás. Ser flexible significa estar dispuesto a desafiar tus propias creencias, a probar cosas nuevas y a escuchar las ideas de tu equipo, por muy diferentes que sean de las tuyas. Si hubieran tenido la capacidad de adaptarse, la historia de Nokia podría haber sido muy diferente y hubiera podido seguir liderando el mercado en lugar de convertirse en un ejemplo de cómo el estancamiento lleva a la irrelevancia. Como líder, no puedes permitirte ese tipo de fracaso; tienes que ser quien inspire a tu equipo a cambiar, a mejorar y a evolucionar con cada nueva oportunidad.

Casos de estudio: Cómo los líderes flexibles se ríen en la cara de las crisis

Para demostrarte lo importante que es la adaptabilidad, vamos a explorar algunos casos de líderes y organizaciones que prosperaron gracias a su capacidad de adaptarse a lo inesperado.

Netflix: De envío de DVD a gigante del *streaming*

Netflix comenzó como una empresa de envío de DVD a domicilio. Sus fundadores, Reed Hastings y Marc Randolph, supieron ver más allá de su modelo de negocio inicial. Mientras Blockbuster se quedaba estancado en el alquiler de películas físicas, Netflix apostó por la tecnología y la tendencia digital. Fueron suficientemente flexibles como para transformar completamente su negocio hacia el *streaming*, algo que podría haber parecido arriesgado o innecesario en ese momento, pero que, claramente, terminó siendo una jugada ganadora.

Este es un ejemplo perfecto de un liderazgo adaptable que se atrevió a cambiar de dirección sin perder su esencia. Adaptarse no es perder identidad, es tener el valor de evolucionar.

Airbnb: Transformando el miedo en oportunidad

Otro ejemplo es Airbnb. Esta compañía se enfrentó a momentos complicados durante la pandemia de COVID-19. Mientras la industria hotelera luchaba con cancelaciones y restricciones, Airbnb decidió reinventar su enfoque. Adaptaron su oferta para incluir experiencias virtuales y promovieron estancias más largas para quienes necesitaban alejarse de las ciudades o querían una nueva ubicación temporal. La adaptabilidad de los líderes de Airbnb les permitió sobrevivir y, más importante aún, crecer en un momento donde otros colapsaban.

Microsoft: Del *software* de escritorio a la nube

Un tercer ejemplo contundente es Microsoft. Durante décadas, Microsoft dominó el mercado del *software* de escritorio con productos como Windows y Office. Sin embargo, a medida que el mercado comenzó a moverse hacia la computación en la nube, Microsoft se enfrentó a una encrucijada. Satya Nadella, quien asumió el cargo de CEO en 2014, entendió rápidamente que la compañía necesitaba adaptarse a las nuevas exigencias del mercado tecnológico. En lugar de seguir aferrándose únicamente a los modelos de *software* tradicionales, Microsoft cambió radicalmente su enfoque y apostó por la nube con Azure. No solo adoptaron el cambio hacia la tecnología en la nube, sino que se reinventaron para competir con empresas líderes como Amazon en el sector de la infraestructura en la nube.

La decisión de transformar Microsoft en un actor dominante del mercado de la nube fue arriesgada, pero extremadamente fructífera. Bajo el liderazgo de Nadella, la empresa pasó de ser vista como un gigante tecnológico en decadencia a ser una de las compañías más innovadoras del mundo. Hoy en día, Azure es uno de los principales servicios de computación en la nube, y Microsoft ha demostrado que incluso los gigantes pueden reinventarse para sobrevivir y prosperar. Este ejemplo nos muestra cómo una gran empresa, aparentemente establecida y con éxito, también debe saber adaptarse y cambiar su modelo de negocio para mantenerse relevante.

Ejercicio: Plan B, C y D para cuando todo sale mal (porque saldrá mal, créeme)

El primer paso para ser adaptable es tener siempre un plan alternativo. En este ejercicio, quiero que trabajes en lo siguiente:

1. *Haz una lista de tus principales objetivos como líder*: Qué es lo que deseas alcanzar en los próximos meses con tu equipo.
2. *Escribe tres posibles escenarios adversos para cada objetivo*: Imagina qué puede salir mal. Y no escatimes en creatividad: desastres naturales, pérdida de clientes, cambios en el mercado, problemas con el equipo, etc.
3. *Diseña un plan de acción para cada escenario*: Qué harías si estos escenarios ocurren. Estos serán tus planes B, C y D.

Este ejercicio no solo te prepara para lo inesperado, sino que también te da la tranquilidad de saber que, pase lo que pase, siempre habrá una opción. Y esa seguridad se transmite a tu equipo.

La flexibilidad no es debilidad, es estrategia

Uno de los errores más comunes que cometen los líderes es creer que ser flexibles es sinónimo de falta de autoridad. De hecho, sucede todo lo contrario. La flexibilidad bien entendida es una muestra de seguridad en uno mismo y de una gran madurez como líder. Un líder flexible no tiene miedo de admitir que el plan inicial puede no ser el mejor curso de acción y que ajustar el rumbo puede ser la clave para el éxito. Cuando demuestras que eres lo suficientemente humilde como para ajustar el rumbo, te ganas el respeto de tu equipo. No solo eso, sino que también fomentas un ambiente de confianza y colaboración, donde cada miembro del equipo sabe que su opinión cuenta y que su contribución es valorada. Ven en ti a alguien que no está atrapado en su propio ego, sino a un líder dispuesto a hacer lo necesario para alcanzar el objetivo común.

La flexibilidad también te permite aprovechar la creatividad de tu equipo. Si tienes una idea fija y un plan que nadie puede desafiar, no das espacio a la innovación. Pero si estás dispuesto a escuchar y ajustar, tu equipo se siente más libre para contribuir con ideas nuevas, y eso siempre te llevará más lejos. Cuando un líder demuestra apertura y capacidad de adaptarse, se convierte en un catalizador para que todos los miembros del equipo también se atrevan a proponer ideas audaces sin temor al rechazo. La creatividad se nutre en un entorno de apertura, donde no se penalizan los errores, sino que se celebran los intentos y se aprende de ellos. La adaptabilidad del líder actúa como un imán para atraer a personas innovadoras que quieren trabajar en un entorno donde el cambio no es visto como una amenaza, sino como una oportunidad para mejorar.

Además, la flexibilidad no se limita solo a aceptar ideas nuevas, también implica reconocer cuándo una estrategia no está funcionando y ser capaz de actuar con rapidez para corregir el rumbo. No hay nada más perjudicial que aferrarse a un plan fallido simplemente porque es lo que se había acordado inicialmente. La capacidad de adaptarse no solo evita errores mayores, sino que también envía un mensaje poderoso al equipo: el éxito del grupo está por encima del orgullo individual o de la necesidad de tener siempre la razón. Cuando se lidera con esa mentalidad, los equipos alcanzan un nivel mucho más alto de efectividad y creatividad, porque saben que siempre hay margen para corregir y mejorar.

Por último, la flexibilidad como líder también implica ser capaz de adaptarse a las necesidades individuales de los miembros del equipo. No todos trabajan igual ni tienen las mismas circunstancias, y un buen líder sabe cómo ajustarse para sacar lo mejor de cada persona. Quizá un miembro del equipo necesite más autonomía, mientras que otro requiera más orientación y apoyo. Ser flexible te permite conocer y responder a estas diferencias, logrando un equipo más cohesionado y motivado. La flexibilidad no es una debilidad, es una fortaleza que permite a los líderes y a sus equipos avanzar con seguridad en un mundo que cambia constantemente.

Adaptabilidad en la cultura del equipo

Como líder, tu objetivo no es solo ser flexible tú mismo, sino fomentar esa actitud dentro de tu equipo. La adaptabilidad es una cualidad que debe ser cultivada en cada miembro del equipo para crear una cultura de evolución constante. Para ello, es crucial que cada persona se sienta cómoda cuestionando el *statu quo*, proponiendo cambios y ajustándose a las nuevas realidades sin temor a represalias. La clave para el éxito es una cultura donde los miembros del equipo no solo se sientan cómodos con el cambio, sino que lo busquen activamente como parte de su crecimiento profesional. Una cultura donde se valore la creatividad, donde cada miembro tenga la confianza de compartir sus ideas, incluso aquellas que desafíen las normas establecidas, es fundamental. Como líder, debes proveer el espacio para el diálogo abierto y permitir que se tomen riesgos calculados. La adaptabilidad es algo que se entrena, no surge de la nada, y eso implica darle al equipo oportunidades para practicar la flexibilidad, enfrentarse a situaciones inesperadas y aprender a reaccionar de manera constructiva. Debes liderar con el ejemplo en todas estas facetas. Si tu equipo te ve cambiando de dirección sin perder el rumbo, mostrándote abierto a ajustar tus planes cuando sea necesario, aprenderá a hacerlo también. Además, fomentar una mentalidad de crecimiento continuo en la que cada miembro vea los desafíos como oportunidades de mejora es esencial. Cuando los miembros del equipo sienten que tienen el respaldo de un líder que también está dispuesto a ser flexible, su motivación y disposición para adaptarse crece exponencialmente. Esta cultura de adaptabilidad no solo genera mejores resultados, sino que convierte al equipo en una unidad más resiliente, capaz de enfrentarse a cualquier obstáculo con confianza y determinación.

Reflexión final: Cambia antes de que te obliguen a hacerlo

El liderazgo no es un destino, es un viaje que requiere que siempre estés listo para ajustar velas, cambiar de rumbo y aprender cosas nuevas. Sí, es agotador, pero también es la única forma de mantenerte relevante y valioso para tu equipo y para el mundo. No es simplemente una cuestión de habilidad, es un compromiso con la mejora constante y la apertura a nuevas experiencias. Ser adaptable no es solo una habilidad, es una filosofía que te permite no solo sobrevivir, sino prosperar, evolucionar y, lo más importante, inspirar a quienes te rodean a hacer lo mismo. La adaptabilidad te desafía a cuestionar tus propias creencias y a buscar la mejor manera de enfrentarte a cada situación. Al mantener esta filosofía en tu vida diaria, no solo estarás desarrollando tu propio liderazgo, sino que estarás ayudando a construir un equipo que sea también resiliente y adaptable.

Así que, si quieres ser líder, recuerda esto: cambia antes de que te obliguen a cambiar. Porque cuando llegas tarde a la adaptación, la historia no será sobre cómo lideraste a tu equipo hacia el éxito, sino sobre cómo te convertiste en otra página olvidada de un libro de historia empresarial. La clave está en anticiparse, en tener la valentía de moverse antes de que la situación lo exija. La adaptación proactiva es lo que diferencia a los líderes visionarios de los que simplemente reaccionan ante las circunstancias. Debes ser un pionero del cambio, no alguien que se ve empujado por él. Un líder que abraza el cambio antes de que sea necesario siempre tendrá la ventaja de poder dirigirlo, en lugar de solo tratar de alcanzarlo.

Ahora, ¡a ponerse manos a la obra con ese Plan B, C y D! Y no olvides que, en este juego, la única constante es el cambio. Practica la adaptabilidad en cada aspecto de tu liderazgo, trabaja en esos planes alternativos con seriedad y asegúrate de que todo tu equipo esté en sintonía. Cuanto más te prepares, más fácil será navegar las tormentas y aprovechar las oportunidades que surjan de los momentos de incertidumbre. Porque, a fin de cuentas, no se trata solo de sobrevivir a los cambios, sino de encontrar la manera de salir fortalecido de ellos y de ayudar a tu equipo a crecer en el proceso. La flexibilidad no es solo una estrategia de supervivencia, es una estrategia para prosperar, para convertir cada desafío en una oportunidad y para asegurarte de que, pase lo que pase, siempre estarás un paso por delante.

Capítulo 8

¡EMOCIONES BAJO CONTROL O TE ARRASARÁN!

«No puedes evitar que el pájaro de la tristeza vuele sobre tu cabeza, pero sí puedes evitar que anide en tu cabello».

– Proverbio chino

Bienvenido al maravilloso y a veces caótico mundo de tus emociones. Si pensabas que el liderazgo se trataba solo de estrategias y reuniones de equipo, más vale que te pongas cómodo, porque esto va de mucho más. Aquí estamos para hablar de lo que realmente importa, de esas pequeñas bombas de relojería que llevas dentro: tus emociones. No te equivoques, si no dominas este aspecto, serás como un barco sin timón en medio de una tormenta. No importa cuánto sepas de gestión de proyectos, ni cuántos libros de estrategia hayas leído; si no eres capaz de dominar tus emociones, todo eso se desmoronará al primer contratiempo. Así que ¡prepárate para el viaje, porque aquí vamos a desnudar esa parte de ti que siempre intentas mantener bajo control!

Como líder, tu trabajo no es solo ser el más listo de la sala, ni el que tiene todas las respuestas (te aviso desde ya, nunca las tendrás). Liderar también significa saber entenderte a ti mismo, mantener la calma cuando todo a tu alrededor se desmorona y ser capaz de gestionar tus reacciones para no desatar una guerra emocional en tu equipo. Piensa en un momento en el que todo iba mal: ¿quién es la persona a la que todos miran para encontrar un faro de estabilidad? Exacto, eres tú. Eso significa que debes ser capaz de ser fuerte cuando los demás no pueden, pero sin convertirte en un autómata sin emociones. Sin controlar tus emociones, simplemente serás el tipo con corbata que grita más fuerte cuando las cosas salen mal. Y te aseguro que nadie quiere seguir a ese tipo. Para que te quede claro, liderar no se trata de ser un robot sin sentimientos; al contrario, se trata de ser humano y no dejar que esa humanidad te arrastre al caos.

Esto significa que deberás aprender a ser consciente de tus emociones, identificar cuándo estás siendo llevado por ellas y tener la habilidad de dar un paso atrás para reconsiderar la situación. Cuando todo va bien, es fácil ser el líder perfecto: sonriente, seguro y resolutivo. Pero cuando el estrés se acumula, las fechas de entrega aprietan y la gente comienza a cometer errores, es cuando se muestra de qué estás hecho. No se trata de no sentir; al contrario, se trata de sentir profundamente y saber manejar esos sentimientos. Vamos a ver cómo conseguirlo, paso a paso, para que, en lugar de convertirte en una bomba de tiempo, puedas ser esa figura calmada y reflexiva que tu equipo necesita.

Si tus emociones te manejan, estás en un problema grave

Míralo de esta manera: si tus emociones están al volante, tu equipo se va a dar cuenta. Tal vez no lo hagan conscientemente, pero te aseguro que lo sentirán. Puede ser un cambio sutil en tu tono de voz, en tu lenguaje corporal o incluso en la manera en que das las instrucciones. La verdad es que nadie quiere trabajar con un líder que parece una olla exprés lista para explotar. Eso genera inseguridad en el equipo y a largo plazo destruye la confianza. Nadie puede dar lo mejor de sí mismo si teme que su líder va a explotar en cualquier momento. La buena noticia es que puedes aprender a manejar tus emociones para que no te dominen. Esto requiere práctica, pero créeme, la inversión vale la pena. Para empezar, hablemos de los detonantes.

Todos tenemos esos momentos en los que nos hierve la sangre. Ya sea con alguien que interrumpa en medio de tu presentación, que tu equipo no cumpla con un plazo importante o incluso algo tan mundano como que alguien no limpie después de usar la cafetera. Estos son los llamados «detonantes». Identificar esos detonantes es clave porque te permite tener un plan de acción. Si sabes lo que te dispara, puedes prepararte mejor para reaccionar de una manera que aporte en lugar de restar. Una vez los reconozcas, podrás adelantarte a ellos. Puedes desarrollar respuestas proactivas que te permitan gestionar mejor esos momentos. Un buen líder sabe que sus emociones no deben tener el control total de sus decisiones, porque sabe que las decisiones tomadas en un estado emocional extremo suelen ser las peores.

Por ejemplo, imagina una situación en la que el cliente está fuera de sí y tú, como líder, estás a punto de perder la paciencia. Todo tu cuerpo te está pidiendo gritar o colgar el teléfono. Sabes que explotar no va a resolver el problema y, en cambio, va a empeorarlo. Así que, ¿qué puedes hacer? El truco está en poner pausa. Literalmente. Si sientes que las emociones van a explotar, respira profundo, cuenta hasta diez o inventa una excusa para tomarte unos minutos de pausa. Di algo como: «Voy a revisar unos datos y regreso contigo en cinco minutos». Esa pausa te permite no solo calmarte, sino también pensar con más claridad. Los mejores líderes saben cómo ganar ese tiempo extra para enfriar su mente. Esto puede parecer algo pequeño, pero la diferencia entre una reacción impulsiva y una respuesta reflexiva puede ser enorme. De hecho, puede ser la diferencia entre perder un cliente o conservarlo, entre inspirar a tu equipo o sembrar el miedo y la confusión.

Además, recuerda que no se trata solo de evitar las explosiones. Se trata de ser consciente del impacto que tiene tu estado emocional en el ambiente de trabajo. Las emociones son contagiosas. Si llegas a la oficina con una actitud negativa, el equipo lo absorberá y su rendimiento disminuirá. Pero si, en cambio, aprendes a manejar esos momentos tensos y a dar ejemplo de cómo enfrentarse al estrés con calma y claridad, estarás creando un ambiente donde la gente se siente segura para trabajar al máximo de su capacidad. Esa es la diferencia entre un jefe tóxico y un líder que inspira. Así que practica esas pausas, trabaja en reconocer tus detonantes y empieza a ser el tipo de líder que todo el mundo quiere tener al lado en momentos difíciles.

Aprende a manejar la ira, el miedo y el estrés o te pasarán por encima

Tener emociones intensas no es el problema, el problema es cuando no sabemos qué hacer con ellas. En este apartado vamos a enfocarnos en tres emociones que son especialmente peligrosas si se salen fuera de control: la ira, el miedo y el estrés. Cada una de estas emociones tiene la capacidad de arruinar relaciones, decisiones y, finalmente, tu capacidad de liderar. Por eso es crucial aprender a identificarlas, entender su origen y aplicar estrategias efectivas para mantenerlas bajo control. Si no lo haces, estas emociones terminarán dictando tus acciones y, en consecuencia, el destino de tu equipo y tus proyectos.

La ira

Nadie dice que nunca vayas a enfadarte. Es natural. Sentir ira es parte del ser humano y, en muchas ocasiones, es una señal de que algo importante no está bien. La ira es una emoción poderosa y puede ser una fuerza que te impulse a actuar cuando algo necesita cambiar. Sin embargo, como líder, debes ser capaz de canalizar esa ira para que no termine arrasando con el equipo. La clave está en no reprimirla, sino redirigirla hacia una acción constructiva.

Pregúntate: ¿cómo puedo transformar esta energía intensa en una solución? Cuando sientas que la ira se asoma, intenta encontrar un momento para expresarla de manera constructiva. Puedes decir algo como: «Esto me resulta muy frustrante porque pone en riesgo nuestro trabajo y debemos encontrar una solución ya». Con esto, estás mostrando firmeza sin desatar una tormenta. Además, es importante reconocer cómo se siente físicamente la ira. Tómate un momento para notar cómo tu cuerpo reacciona: quizá los músculos se pongan tensos, el corazón acelerado y la respiración superficial. Una vez que eres consciente de estos síntomas, puedes empezar a controlarlos, relajándote y respirando profunda y lentamente. Aprender técnicas de respiración, o incluso practicar actividades como el yoga puede ser un excelente recurso para manejar la ira. La respiración diafragmática, por ejemplo, es una herramienta simple, pero poderosa para ayudarte a calmarte en momentos de alta tensión. Dedica un momento a inspirar profundamente durante cuatro segundos, mantener el aire durante otros cuatro y luego exhalar lentamente. Repite este proceso varias veces hasta que sientas que tu ritmo cardíaco se normaliza. Esta técnica no solo ayuda a controlar la ira, sino que también reduce el nivel general de estrés, lo que tiene un efecto positivo en todo el equipo.

Otra estrategia efectiva para manejar la ira es aprender a cambiar tu perspectiva. Muchas veces, lo que nos enfada tiene que ver más con nuestra percepción de la situación que con la situación en sí. Pregúntate si estás haciendo suposiciones negativas sobre las intenciones de los demás, o si estás viendo el problema de una manera que te ciega frente a posibles soluciones. Un buen líder aprende a cuestionar esos pensamientos automáticos y a buscar interpretaciones más neutrales o constructivas. Por ejemplo, si un miembro del equipo no cumplió con una tarea a tiempo, en lugar de asumir que no le importa, intenta pensar que quizá tuvo un problema que no pudo manejar. Este tipo de reflexión te ayudará a responder con empatía en lugar de con una ira descontrolada.

Finalmente, crea un espacio seguro donde puedas procesar tu ira antes de que afecte a los demás. Esto puede significar hablar con un mentor, escribir tus pensamientos en un diario, o simplemente dar un paseo para despejar la mente. La ira no tiene por qué ser algo que elimines por completo; más bien, debe ser algo que aprendas a gestionar de manera que te impulse hacia una mejor versión de ti mismo como líder. La clave está en reconocer que la ira tiene un propósito, pero no debe ser el motor que dirija tus decisiones. Trabaja en mantener un equilibrio y recuerda que lo más importante es cómo usas esa energía para el beneficio del equipo y de los objetivos comunes. Cuando aprendes a canalizar la ira de una manera positiva, puedes transformar situaciones difíciles en oportunidades de crecimiento tanto para ti como para quienes te rodean.

El miedo

Mucha gente cree que los líderes no tienen miedo, pero eso es un mito. De hecho, el miedo es una de las emociones que más acompaña a quienes tienen la responsabilidad de guiar a otros. ¿Por qué? Porque el liderazgo implica tomar decisiones que afectan a otras personas y asumir riesgos constantemente. Cada decisión que tomas puede tener consecuencias significativas y la posibilidad de equivocarte siempre está ahí. Sin embargo, la diferencia entre los líderes mediocres y los grandes líderes es cómo manejan ese miedo. Un buen líder no intenta ignorar el miedo, sino que lo enfrenta con valentía y realismo. Reconoce el miedo y busca la forma de enfrentarte a él, paso a paso. Cuando sientas miedo, pregúntate: ¿cuál es el peor escenario posible y qué puedo hacer para prevenirlo? ¿Cómo puedo convertir este miedo en una ventaja? Transformar el miedo en un motor que te impulse a planificar mejor y a estar preparado puede significar la diferencia. El miedo bien gestionado te hace estar más alerta y consciente de los riesgos, lo que a su vez te prepara mejor para enfrentarlos.

Admite cuando no sabes algo y sé lo suficientemente humilde para pedir ayuda a tu equipo. Esto es clave. No hay mayor muestra de valentía que admitir vulnerabilidad y trabajar con otros para superarla. Además, cuando eres honesto acerca de tus miedos, invitas a tu equipo a hacer lo mismo. Un ambiente donde las personas pueden hablar abiertamente sobre sus preocupaciones es un ambiente donde se construye una verdadera confianza. No eres el líder porque lo sabes todo; eres el líder porque tienes la capacidad de guiarlos incluso cuando las cosas no están claras. Además, el miedo puede ser una brújula que te indica áreas en las que necesitas crecer o aprender más. Reencuadra el miedo como una oportunidad de desarrollo. Si algo te asusta, es probable que ahí haya un terreno fértil para mejorar tus habilidades o ampliar tus conocimientos. Usa el miedo como una señal que te empuje a mejorar y no como un obstáculo.

Cuando compartes tus miedos con tu equipo, les demuestras que eres humano y accesible, y eso genera confianza. Un equipo que confía en su líder será capaz de superar cualquier obstáculo juntos. Hablar sobre tus miedos también enseña a tu equipo a lidiar con los suyos de una manera sana. Por ejemplo, si están enfrentándose a un proyecto desafiante y tú compartes cómo has lidiado con situaciones similares, los estarás dotando de herramientas emocionales que podrán usar en el futuro. Recuerda que tu vulnerabilidad no es una debilidad, sino una fortaleza. Los grandes líderes no son aquellos que nunca sienten miedo, sino los que saben convertir ese miedo en acciones que generan valor para el equipo.

Otra manera efectiva de enfrentarte al miedo es visualizar el éxito en lugar de solo enfocarte en los posibles fracasos. Imaginar los pasos concretos que puedes dar hacia un resultado positivo ayuda a disminuir el poder del miedo. Este suele ser peor cuando lo dejamos en la sombra, pero cuando lo iluminas con la claridad de una planificación y una visualización positiva, pierde gran parte de su poder. Dedica tiempo cada día a imaginar cómo te enfrentarías a los desafíos más grandes y cómo podrías llevar a tu equipo al éxito a pesar de esos miedos. Además, desarrollar un plan de contingencia también es una forma efectiva de manejar el miedo. Saber que tienes un Plan B, e incluso un Plan C, reduce significativamente la ansiedad y te permite actuar con mayor confianza.

En última instancia, el miedo es un compañero constante del líder, pero no tiene por qué ser un enemigo. Al aprender a aceptar el miedo y gestionarlo adecuadamente, te conviertes en un líder más auténtico, más empático y mucho más efectivo. No olvides que todos los líderes que admiras han sentido miedo y lo que los hizo destacar fue cómo usaron ese miedo para avanzar. De hecho, es el proceso de enfrentarte y superar tus miedos lo que te fortalece como líder y te ayuda a inspirar a otros a hacer lo mismo.

Con cada miedo al que te enfrentas y superas, demuestras que las barreras no son insuperables, sino desafíos que pueden conquistarse con valentía, planificación y el apoyo de un equipo unido.

El estrés

Si eres líder, el estrés no es algo que puedas evitar, es parte del paquete. El estrés viene cuando sientes que hay más demanda que recursos disponibles. Pero, ¡ojo!, si no aprendes a manejar el estrés, te pasará factura. El estrés no solo afecta tu salud física y mental, sino también la calidad de tus decisiones y la atmósfera de trabajo de tu equipo. Encuentra formas efectivas de liberar tensión, y hazlo de manera constante, no solo cuando sientas que estás a punto de colapsar. No estamos hablando de escaparte al bar cada noche, sino de métodos saludables que verdaderamente te recarguen y te permitan reconectar contigo mismo. El ejercicio es una de las herramientas más efectivas para liberar estrés, ya que ayuda a reducir la ansiedad y mejora tu estado de ánimo. Correr, nadar, levantar pesas, o incluso practicar deportes de equipo puede ser increíblemente útil. Además del ejercicio, la meditación es una forma poderosa de entrenar la mente para mantener la calma incluso en situaciones de alta presión. La práctica diaria de solo diez a quince minutos de meditación puede marcar una gran diferencia a largo plazo.

Actividades artísticas como la pintura, la escritura o tocar un instrumento también son maneras muy eficaces de liberar tensión y conectar con tu lado más creativo, algo que, como líder, puede darte una ventaja al enfrentarte a desafíos de manera innovadora. O simplemente da un paseo por la naturaleza, desconéctate de la tecnología por un momento y concéntrate en respirar aire fresco; los estudios han demostrado que pasar tiempo al aire libre puede reducir significativamente los niveles de cortisol, la hormona del estrés. El estrés puede ser un motor para el rendimiento, siempre y cuando no sea crónico ni abrumador. Aprende a distinguir entre el estrés positivo, que te motiva y te mantiene alerta, y el estrés negativo, que drena tu energía y te hace sentir agotado. Este tipo de estrés es el que debes evitar a toda costa, porque afecta a tu bienestar y al de tu equipo.

Para manejar el estrés, también puedes aplicar técnicas de organización, como dividir grandes proyectos en tareas más pequeñas y alcanzables. Este enfoque no solo hace que las tareas sean más manejables, sino que te proporciona una sensación de progreso constante, lo cual es una gran fuente de motivación. Aprende a priorizar, identifica qué es urgente y qué es importante, y trabaja en eso primero. Además, saber decir «no» cuando sea necesario es una habilidad crucial. Como líder, no siempre puedes estar disponible para todo y para todos. Decir «no» a ciertas solicitudes te permitirá enfocarte en lo que realmente importa y evitará que el estrés se acumule por comprometerte con más de lo que puedes manejar.

No olvides que tu equipo también está observando cómo manejas el estrés; si eres capaz de hacerlo de manera eficaz, ellos aprenderán de ti y seguirán tu ejemplo. La manera en que manejas la presión sirve como modelo para todo el equipo, y si eres capaz de mostrar calma y claridad, ellos harán lo mismo. Compartir técnicas de manejo del estrés con tu equipo puede ser una excelente manera de fomentar un ambiente de apoyo mutuo y cuidado colectivo. Considera realizar talleres de manejo del estrés, o simplemente abrir conversaciones donde cada miembro del equipo pueda compartir cómo maneja los momentos difíciles. Esto no solo proporciona herramientas a los demás, sino que también crea un sentido de comunidad y de apoyo mutuo, donde todos saben que no están solos en sus desafíos.

Además, delegar también es una excelente manera de reducir el estrés. Delegar no significa cargar a otros con el trabajo que no quieres hacer, sino confiar en tu equipo y permitirles asumir responsabilidades importantes. Delegar tareas adecuadamente puede aligerar tu carga y permitirte enfocarte en las decisiones estratégicas más relevantes. Y recuerda: delegar no solo te ayuda a ti, sino que también empodera a tu equipo, le da la oportunidad de crecer y de sentirse valorado. La clave es mantener una comunicación abierta, de manera que todos sepan qué se espera de ellos y puedan trabajar con claridad y confianza.

Por último, no olvides el autocuidado. Ser un líder efectivo implica también cuidarte a ti mismo. Tómate descansos cuando los necesites, desconéctate del trabajo al final del día y encuentra actividades que te hagan feliz fuera del ámbito laboral. Practicar el autocuidado no es un lujo, es una necesidad. Si no estás bien, no podrás liderar bien. Un líder que sabe cuidar de sí mismo envía el mensaje de que la salud y el bienestar son importantes, lo cual motiva a los demás a hacer lo mismo. En resumen, el estrés no es tu enemigo si sabes cómo manejarlo. Conviértelo en una herramienta que puedas usar para crecer y mejorar, tanto a nivel personal como para el bienestar de tu equipo. Trabaja para que el estrés sea un aliado y no una barrera, y verás cómo tu liderazgo se transforma de manera positiva.

Ejercicio: Domina tus emociones sin convertirte en un robot

Vamos con una práctica sencilla pero poderosa: El Diario de las Emociones. Esta técnica te ayudará a entender mejor qué sientes, cómo te afectan esas emociones y qué podrías hacer de manera diferente la próxima vez. ¿Cómo hacerlo? Cada noche, escribe al menos tres situaciones del día en las que alguna emoción haya influido en tu comportamiento. Reflexiona si esa emoción te acercó a la solución o te alejó de ella. Al cabo de unas semanas, te darás cuenta de los patrones que surgen y eso te permitirá trabajar en ellos.

Por ejemplo, si escribes recurrentemente sobre cómo ciertas situaciones te provocaron ira, podrás identificar lo que las dispara y buscar una forma de afrontarlas mejor. En este ejercicio no se trata de eliminar emociones (no queremos convertirte en un robot), sino de aprender a manejarlas para ser más eficaz y no permitir que ellas te controlen.

Conclusión: No te conviertas en el líder volcán

Lo peor que puedes ser es un líder que, como un volcán, está en calma hasta que explota y arrasa con todo lo que encuentra a su paso. Ese tipo de líder no inspira, no motiva y, sobre todo, no crea un entorno seguro para el equipo. En lugar de ser un refugio para los demás, terminas siendo la razón por la que todos caminan sobre cáscaras de huevo, esperando el próximo estallido. Aprender a gestionar tus emociones no es solo una habilidad de liderazgo; es una habilidad para la vida. Tus emociones pueden ser una fuente de poder impresionante, pero solo si sabes cómo mantenerlas bajo control. Si permites que tus emociones tomen el mando, la estabilidad de tu equipo y tu propia credibilidad se verán gravemente afectadas. Un líder explosivo no puede tomar decisiones acertadas, y mucho menos construir la confianza necesaria para un equipo fuerte y cohesionado. Si dejas que las emociones tomen las riendas, no liderarás a nadie: serás otro más intentando no hundirse en el mar de la incertidumbre.

Recuerda: el verdadero poder del líder reside en su capacidad para ser humano, con todo lo que eso implica, pero sin perder el rumbo. Un líder humano reconoce sus fallos, sus miedos y sus debilidades, y aprende a trabajar con ellos, no contra ellos. Eso es lo que te hace accesible, eso es lo que te hace digno de confianza. La gente no necesita a un superhéroe, necesita a alguien real, que pueda entender sus problemas y guiarlos a pesar de las dificultades. Así que la próxima vez que sientas que la olla exprés va a estallar, respira, reflexiona y recuerda: liderar no se trata de estar siempre bien, se trata de saber qué hacer cuando no lo estás. Se trata de transformar esos momentos de debilidad en oportunidades para demostrar resiliencia y de mostrar que, incluso en tus peores momentos, puedes tomar decisiones que beneficien al equipo. Esa es la verdadera prueba de liderazgo.

Capítulo 9

SI NO AGUANTAS EL CALOR DE LOS CONFLICTOS, ¡SAL DE LA COCINA!

«El arte de la mediación no es eliminar los conflictos, sino convertirlos en una oportunidad de crecimiento».

– Nelson Mandela

Si creías que ser líder significaba que todo iba a ser paz y amor, permíteme bajarte de la nube. El liderazgo es, más bien, como estar en medio de una tormenta constante de egos, emociones descontroladas y expectativas no cumplidas. Es una batalla diaria de intereses cruzados, donde cada persona tiene una perspectiva diferente y donde el conflicto puede surgir de cualquier esquina inesperada. Y, aunque te encantaría que todos en tu equipo se tomaran de las manos y cantaran juntos, la realidad es que los conflictos son inevitables. En serio, si no hay conflictos, entonces algo está profundamente mal. Tal vez tu equipo no está siendo lo suficientemente honesto o, peor aún, simplemente no les importa lo suficiente como para discutir. Un equipo sin conflictos es un equipo sin pasión, sin compromiso, y, en última instancia, sin potencial de crecimiento.

Es fundamental entender que el conflicto no siempre es algo negativo. De hecho, bien gestionado, el conflicto puede ser el catalizador para la innovación, la creatividad y la mejora continua. Si todos están de acuerdo todo el tiempo, ¿cómo podemos desafiar el *statu quo*? ¿Cómo podemos aprender de los errores y encontrar nuevas formas de hacer las cosas? Aquí es donde los líderes juegan un papel clave. No se trata de evitar el conflicto, sino de aprender a navegarlo con inteligencia, empatía y una buena dosis de valentía.

Ahora entran en juego tus superpoderes de resolución de conflictos. Porque sí, ¡esto es parte de ser líder! No puedes simplemente esconderte en la oficina o delegar la mediación al departamento de recursos humanos (bueno, podrías, pero entonces no estarías liderando nada). Aprender a manejar conflictos te transformará de un simple jefe a un verdadero líder, alguien que puede hacer que las personas superen sus diferencias y trabajen juntas hacia algo grande. Y no se trata solo de resolver problemas superficiales, sino de abordar los conflictos de raíz para crear un ambiente de trabajo más saludable y colaborativo. Así que, ponte el casco y el chaleco antibalas, porque vamos a sumergirnos en el mundo de los conflictos y cómo lidiar con ellos de una manera ágil y sin que nadie quiera matarte en el proceso.

Este capítulo te enseñará cómo convertirte en un mediador efectivo, cómo ver el conflicto no como un problema, sino como una oportunidad para fortalecer a tu equipo. Aprenderás a intervenir en el momento adecuado, a leer las señales antes de que el problema se descontrole y a crear un espacio seguro donde las personas puedan expresar sus inquietudes sin temor. Porque sí, ser un líder significa enfrentarse a las situaciones incómodas. Si puedes hacer que tu equipo pase del caos al entendimiento, habrás ganado su respeto y fortalecido el núcleo de lo que hace que un equipo sea realmente poderoso: la confianza mutua y el respeto por la diversidad de opiniones.

Así que no te preocupes si, al principio, te sientes incómodo gestionando conflictos. Es algo que requiere práctica, y cada situación es diferente. La buena noticia es que cuanto más practiques, mejor te desenvolverás en esta habilidad esencial. Al final, los conflictos no serán algo que temas, sino desafíos que aceptarás con ganas, sabiendo que cada uno de ellos tiene el potencial de hacer crecer tanto a tu equipo como a ti mismo como líder.

Los problemas no desaparecen solos, enfréntalos de una vez

Imagínate que eres un bombero, pero en lugar de fuego tienes que lidiar con la bronca que está creciendo entre dos miembros del equipo. Lo primero que debes entender es que los problemas no se van solos, nunca lo hacen. Ignorarlos es como meter basura debajo de la alfombra: tarde o temprano se acumula y terminas con una montaña que ya no puedes esconder. De hecho, cuanto más tiempo permites que un conflicto crezca sin abordarlo, más difícil será manejarlo y el impacto negativo se esparcirá por todo el equipo, afectando no solo a los involucrados, sino a todos los que los rodean.

Piensa en el conflicto como un incendio forestal. Si lo atajas cuando es solo un pequeño foco, puedes apagarlo con un par de cubos de agua. Pero si lo dejas crecer, en poco tiempo tendrás un monstruo imposible de contener, arrasando todo a su paso. Los conflictos no solo destruyen relaciones personales, también erosionan la moral del equipo, disminuyen la productividad y crean un ambiente tóxico. Dejar que los problemas persistan es una receta segura para la desmotivación y el resentimiento entre los miembros del equipo.

La clave aquí es la proactividad. Cuanto antes te enfrentes a un conflicto, más fácil será solucionarlo. Deja que una pequeña chispa se convierta en un incendio y te encontrarás luchando por salvar el edificio. Además, cuando abordas un conflicto de manera temprana, envías un mensaje claro a tu equipo: te importa lo suficiente como para actuar. Esta actitud proactiva fortalece tu autoridad como líder y fomenta un clima de confianza, ya que el equipo sabe que no dejarás que los problemas se pudran en el silencio.

Cuando algo empiece a oler raro (y lo hará, porque los conflictos tienen esa capacidad de hacer sentir a todo el mundo incómodo), hazle frente. No necesitas tener todas las respuestas antes de abordar el tema. De hecho, la mayoría de las veces, la clave está en escuchar más de lo que hablas. Es importante recordar que la mayoría de los conflictos tienen múltiples capas. A menudo, lo que parece ser un problema superficial es en realidad un reflejo de tensiones más profundas: expectativas no cumplidas, falta de reconocimiento o problemas personales que han sido trasladados al entorno laboral.

Escuchar más de lo que hablas te permite descubrir esas capas ocultas. Permite que las personas se expresen sin temor, que compartan lo que les molesta y cómo se sienten. No es raro que, al permitir que los demás hablen, los conflictos se resuelvan de forma casi automática. A veces, lo único que alguien necesita es ser escuchado, sentir que sus opiniones y sentimientos importan. Si logras esto, habrás recorrido la mitad del camino hacia la resolución del problema. Además, al escuchar de verdad, desarrollas una comprensión más profunda de la dinámica del equipo y del origen real del conflicto.

No olvides que la empatía también juega un papel fundamental. Debes ser capaz de ponerte en los zapatos de las personas involucradas, entender su perspectiva sin juzgar. Este tipo de actitud es la que diferencia a un simple jefe de un verdadero líder. No se trata solo de apagar fuegos, sino de comprender cómo evitar que vuelvan a encenderse. Al demostrar empatía y disposición para solucionar conflictos, estás cultivando un ambiente donde el respeto y la colaboración se valoran por encima de todo. Así, en lugar de incendios constantes, tendrás un equipo capaz de discutir, sí, pero también de encontrar soluciones y crecer juntos.

Cómo ser el mediador sin que nadie quiera matarte

Este punto es crítico. La última cosa que quieres es que tus compañeros de trabajo terminen mirándote como si fueras un dictador. Tu trabajo no es elegir bando, sino ser un facilitador del diálogo. Aquí van algunos consejos para lograr ser un buen mediador sin ganarte enemigos:

1. *Establece una atmósfera de respeto.* Sí, puede sonar como un consejo genérico, pero ¡funciona! Deja claro desde el principio que todo el mundo debe tener la oportunidad de expresarse sin interrupciones ni descalificaciones. Nadie quiere sentirse atacado, y la mejor forma de evitarlo es imponiendo reglas básicas desde el principio. Además, al establecer una atmósfera de respeto, también fomentas un ambiente donde los miembros del equipo se sienten seguros para compartir sus pensamientos más honestos sin temor a repercusiones. Esto permite que se construyan puentes de confianza, y es precisamente esa confianza la que facilita la resolución del conflicto.
2. *Escucha de verdad.* Y cuando digo «de verdad», me refiero a que no solo te quedes esperando tu turno para hablar. Tienes que escuchar con atención y entender la perspectiva de cada uno. Es asombroso cómo, cuando

las personas se sienten escuchadas, bajan la guardia. Más del cincuenta por ciento del conflicto suele disiparse cuando alguien siente que su voz importa. Recuerda que la escucha activa no se trata solo de asentir y mirar a la otra persona, implica hacer preguntas relevantes, parafrasear lo que te han dicho para asegurarte de que lo has entendido correctamente y demostrar, a través de tu lenguaje corporal y tus respuestas, que realmente estás prestando atención. Al hacer esto, generas un ambiente donde cada persona siente que tiene un espacio para ser escuchada.

3. *Sé neutral, pero muestra empatía.* No se trata de ser un robot sin emociones. La neutralidad no es lo mismo que la frialdad. Es importante que comprendas lo que cada uno está sintiendo, pero sin parecer que estás tomando partido. Mantener la neutralidad mientras muestras empatía es como caminar en la cuerda floja: requiere equilibrio. Debes demostrar que entiendes las emociones de ambas partes sin permitir que las tuyas propias interfieran en el proceso de mediación. No es fácil, pero es esencial. Una buena estrategia es validar los sentimientos de ambos lados sin comprometer tu postura. Por ejemplo, podrías decir: «Entiendo que esto te ha causado frustración», sin implicar que estás de acuerdo con lo que han hecho.

4. *Encuentra puntos comunes.* Una de las estrategias más efectivas para desarmar un conflicto es encontrar algo, por pequeño que sea, en lo que ambas partes estén de acuerdo. Es como romper el hielo: si ambos coinciden en algo, ya sea el objetivo del proyecto o el hecho de que todos quieren que las cosas funcionen, puedes empezar a construir desde ahí. Los puntos comunes son el cimiento de la reconciliación. Identificar metas compartidas o valores comunes no solo reduce la tensión, sino que también recuerda a ambas partes que están en el mismo equipo. Puedes utilizar preguntas como: «¿Podemos estar de acuerdo en que ambos quieren lo mejor para el proyecto?» o «¿Hay algún aspecto del problema en el que ambos coincidan?». Estos pequeños acuerdos ayudan a humanizar la situación y alejarla de la confrontación directa.
5. *Focaliza en las soluciones, no en los culpables.* Es fácil quedarse atascado en «quién hizo qué». Pero a menos que quieras vivir un episodio eterno de «Cómo se hicieron enemigos», lo mejor es que todos se enfoquen en cómo avanzar. Concéntrate en las soluciones y ayuda a los involucrados a visualizar un futuro sin el conflicto. Focalizar en las soluciones también significa trabajar en conjunto para encontrar una vía hacia adelante. Puedes comenzar preguntando: «¿Qué podemos

hacer para evitar que esto vuelva a suceder?». Esta clase de preguntas abre la puerta a un diálogo constructivo y hace que ambas partes se sientan parte activa en la resolución del problema. Además, al enfocarte en el futuro y no en el pasado, ayudas a que las personas se desprendan del resentimiento y puedan avanzar hacia una solución positiva.

Ejemplo práctico: Resolver broncas antes de que exploten en tu cara

Imaginemos una situación real: Ana y Pedro llevan semanas sin dirigirse la palabra. Ambos son parte de tu equipo y la tensión ya es tan evidente que hasta el becario que llegó ayer se dio cuenta. Esta situación no solo afecta a su productividad individual, sino que está comenzando a impactar negativamente al resto del equipo. El ambiente se siente tenso y todo el mundo está caminando descalzo sobre ascuas. Te enteras de que todo comenzó por un desacuerdo sobre la forma de presentar un informe, pero ahora ya nadie sabe exactamente qué es lo que se está discutiendo. Lo que empezó como una simple diferencia de opiniones se ha transformado en un conflicto personal que amenaza con desmoronar la cohesión del equipo. Lo primero que harías sería hablar con cada uno por separado, buscando comprender su perspectiva sin emitir juicios. Es importante darles la oportunidad de desahogarse, de contar su versión de los hechos y de sentirse escuchados. Durante estas conversaciones, tu papel no es tomar partido, sino comprender las motivaciones de cada uno y lo que realmente está en juego para ellos. Deja que ambos expresen sus frustraciones, pero enfócate en identificar los puntos clave que los llevaron al conflicto. ¿Fue una falta de reconocimiento? ¿Fue un malentendido sobre responsabilidades? Escucha activamente y toma notas si es necesario para comprender todos los aspectos del problema.

Después, los reunirías a los dos en un espacio neutral. Este detalle es fundamental: debe ser un lugar donde ambos se sientan cómodos y en igualdad de condiciones. Dejas claro que lo que se busca es entender la situación y, sobre todo, llegar a una solución conjunta. Es crucial crear un ambiente donde ambos sientan que sus opiniones valen y que no estás tomando partido por ninguno de ellos. Empiezas destacando cosas positivas sobre su trabajo juntos, algo que ambos puedan reconocer. Por ejemplo, puedes resaltar el éxito de un proyecto pasado en el que trabajaron bien juntos y lograron buenos resultados. Esta técnica ayuda a romper el hielo y a recordarles que, a pesar de las diferencias actuales, han tenido momentos de colaboración efectiva. Poco a poco, vas guiando la conversación hacia los temas donde puedan llegar a un acuerdo. Puedes utilizar técnicas como la reformulación positiva para enmarcar sus preocupaciones de una manera que no sea amenazante y que promueva el entendimiento. Por ejemplo, si Ana siente que Pedro no valoró su esfuerzo, puedes reformular eso como: «Creo que Ana quiere asegurarse de que el esfuerzo de todos se reconozca apropiadamente». Esto reduce la tensión y hace que el mensaje sea más fácil de aceptar. Utilizar esta técnica no solo ayuda a rebajar la intensidad emocional del conflicto, sino que también permite que ambas partes vean la situación desde un ángulo menos personal y más orientado a las soluciones.

Finalmente, estableces compromisos: «Ana, ¿cómo podrías comunicarte mejor la próxima vez? Pedro, ¿qué podrías hacer para escuchar más a Ana?». Estos compromisos no deben ser vagos, deben ser específicos y medibles. Puedes sugerir que se envíen correos electrónicos de resumen después de cada reunión para asegurarse de que ambos estén en la misma página, o establecer *check-ins* semanales para discutir cualquier posible malentendido antes de que crezca. Si las cosas se calman, el conflicto comienza a verse menos como un gran monstruo y más como una oportunidad para mejorar como equipo. Es importante que, al final de la conversación, todos se vayan con acciones claras y específicas. Esto no solo demuestra que el problema ha sido resuelto, sino que también previene que la misma situación resurja en el futuro. Además, el seguimiento es clave: revisa los acuerdos después de un tiempo y asegúrate de que las acciones acordadas se están llevando a cabo. Establece un recordatorio en tu calendario para verificar cómo están avanzando y, si es necesario, organiza otra reunión para ajustar cualquier cosa que no esté funcionando como se esperaba. No subestimes el poder del seguimiento: es lo que convierte una conversación bien intencionada en un cambio real y duradero.

Ejercicio: Diseña tu estrategia ninja para gestionar conflictos

Este ejercicio es sencillo pero poderoso. Quiero que cojas papel y boli y respondas a estas preguntas:

1. Identifica el conflicto más reciente que has tenido que gestionar. ¿Cuál fue? ¿Cómo terminó?
2. ¿Qué podrías haber hecho diferente? Sin censuras, sé brutalmente honesto.
3. Describe cómo te gustaría actuar en situaciones de conflicto en el futuro. Haz una lista de reglas personales que seguirías la próxima vez. Pueden ser cosas como: «Escuchar primero, hablar después», «Mante-

ner la calma sin importar lo que ocurra» o «Focalizarme siempre en las soluciones».

4. Plan de seguimiento. Define cómo realizarás un seguimiento de las soluciones acordadas. ¿Qué pasos específicos tomarás para asegurarte de que el conflicto no vuelva a resurgir? El seguimiento es crucial para cerrar de forma efectiva un conflicto y garantizar que todos los compromisos se cumplan.

A partir de estas respuestas, diseña una especie de guía que puedas consultar rápidamente cuando sientas que un conflicto está a punto de estallar. Llámala «Manual de Supervivencia de Conflictos». Te sorprenderá lo útil que es tener un plan listo cuando te enfrentas a una situación difícil. Esta guía puede incluir recordatorios personales, preguntas clave para hacer durante la mediación y hasta estrategias de autocontrol para mantener la calma. Recuerda, un líder preparado es un líder efectivo.

Conclusión: Los conflictos como oportunidad de oro

El conflicto no es algo que debas temer, ni tampoco algo que puedas evitar. De hecho, deberías empezar a ver los conflictos como una oportunidad de oro para aprender, mejorar y fortalecer los lazos de tu equipo. Cada conflicto resuelto es un paso más hacia un equipo más sólido, confiado y efectivo. Cuando te enfrentas a un conflicto, tienes la oportunidad de mostrar liderazgo, de hacer crecer a tu equipo y de transformar una situación potencialmente negativa en una experiencia de aprendizaje para todos. Además, cada conflicto bien manejado te ofrece la posibilidad de crecer como individuo y como profesional. Es una oportunidad para desarrollar habilidades esenciales como la empatía, la escucha activa, la negociación y la gestión emocional. Cada una de estas habilidades, cuando se perfeccionan a través de la práctica constante, te convierte en un líder mucho más completo y respetado.

El conflicto también es un momento en el que se revelan las verdaderas fortalezas y debilidades de un equipo. Cuando los problemas salen a la luz, las dinámicas se vuelven más claras y puedes identificar áreas de mejora tanto a nivel individual como colectivo. Esta perspectiva de mejora continua es crucial. Si puedes enseñar a tu equipo a ver el conflicto como un proceso natural y positivo, no solo reducirás el miedo y la ansiedad asociados a estas situaciones, sino que también transformarás la manera en que todos se enfrentan a los desafíos. Aprender a manejar los conflictos no solo mejora el ambiente de trabajo, sino que también fomenta un entorno de confianza y respeto donde las personas no temen expresar sus opiniones y ser honestos entre sí.

El líder no es aquel que evita los problemas, sino el que tiene la habilidad de entrar de lleno en ellos y salir con todos un poco más fuertes y sabios. Porque el verdadero liderazgo se demuestra en los momentos difíciles, cuando las situaciones se complican y las emociones se intensifican. ¡Porque, recuerda!, si no puedes manejar conflictos, quizá deberías considerar un trabajo más tranquilo, como vender helados. Pero si estás dispuesto a hacer frente a las broncas, serás ese líder que todos quieren seguir, incluso cuando la situación se ponga caliente. Cuando decides enfrentarte a un conflicto en lugar de esconderte, muestras a tu equipo que estás ahí para ellos, que te importan lo suficiente como para no huir cuando las cosas se ponen feas. Esa actitud es la que realmente inspira y motiva a otros a dar lo mejor de sí mismos.

Aprovecha cada desafío como una lección valiosa y conviértete en un experto en navegar entre las tormentas emocionales de tu equipo. Aprende a ver cada desacuerdo como una oportunidad para educar y fortalecer los lazos que te unen a tu equipo. En definitiva, cada situación conflictiva bien resuelta te acercará más a tu equipo y te ayudará a construir un entorno de trabajo más sólido y cohesionado. No subestimes el poder transformador de una buena gestión de conflictos: no solo resuelves un problema puntual, sino que también estableces las bases para una cultura de equipo más resiliente y abierta. Al final, serás el faro que guía el barco hacia aguas más tranquilas, incluso cuando las olas sean altas y los vientos parezcan empeorar. ¡Ánimo, que cada conflicto es una oportunidad para crecer! Y no olvides que cuanto más practiques estas habilidades, más natural será para ti gestionar los conflictos con calma y confianza. Así, cada vez que te enfrentes a una situación difícil, no solo la resolverás, sino que también estarás enseñando a tu equipo a cómo hacerlo por sí mismo.

Capítulo 10

LIDERAR SIN QUEMARTE: MISIÓN CASI IMPOSIBLE

«No puedes servir a los demás si tu copa está vacía. Llénala primero, y luego comparte».

– Brené Brown

Ser un líder es un trabajo complicado. Nadie te lo niega. Es una mezcla constante de energía, creatividad, paciencia y un toque de locura. Pero ¿qué pasa cuando esa mezcla comienza a desbordarse, cuando la carga te empieza a aplastar y sientes que no puedes más? Lo que pasa es lo que nadie te cuenta: el temido *burnout* o desgaste del líder. Y aunque suene dramático, no te preocupes, todos pasamos por algo así en algún momento. Liderar implica muchas cosas y una de las más importantes es aprender a manejar ese desbordamiento antes de que se convierta en una crisis irreversible. Muchas veces, nos vemos atrapados en la idea de que ser líder significa estar disponibles 24/7, no mostrar debilidad y tener siempre todas las respuestas. La realidad es que la clave del buen liderazgo está en el equilibrio: saber cómo y cuándo cuidar de los demás sin dejar de cuidar de uno mismo. La buena noticia es que aprender a liderar sin quemarse no solo es posible, sino que es la clave para sobrevivir, y hasta disfrutar, a este caótico pero maravilloso viaje. No se trata de ignorar las dificultades ni de pretender que el liderazgo sea algo sencillo, sino de encontrar maneras de navegar el caos sin perder la calma.

En este capítulo, vamos a romper con el mito del líder indestructible, el que nunca descansa y siempre está al pie del cañón. Porque sí, ser líder implica estar ahí para tu equipo, pero también implica estar ahí para ti mismo. Si te agotas y te quemas, poco podrás ayudar a los demás, y te aseguro que no hay medalla de oro por liderar hasta desfallecer. La idea de que un líder debe sacrificar su bienestar personal por el bien del equipo es un concepto equivocado que ha llevado a muchos al agotamiento físico y mental. Liderar con inteligencia emocional significa reconocer que tu salud y bienestar también son una prioridad. Cuidarte no solo es importante para ti, sino también para el impacto positivo que puedes tener en los demás. Así que, sin más preámbulos, vamos a entrar en materia: ¿cómo puedes ser un gran líder sin que te conviertas en un mártir y termines sintiéndote como un zombi con corbata?

Quiero que entiendas que cuidar de ti mismo no significa solo tomar vacaciones cuando sientes que ya no puedes más. Significa incorporar pequeñas prácticas de autocuidado en tu día a día. Desde establecer horas de descanso adecuadas hasta aprender a desconectar del trabajo fuera de horario laboral, cada acción cuenta. Es un proceso de aprendizaje continuo y un compromiso que haces contigo mismo para ser la mejor versión posible como líder. A fin de cuentas, el objetivo no es simplemente sobrevivir al caos, sino ser capaz de prosperar y ayudar a los demás a hacer lo mismo. Si logras encontrar ese equilibrio, no solo serás un líder efectivo, sino también uno feliz.

Liderar es un caos, pero si no te cuidas, terminarás quemado

A ver, que no te vendan motos: liderar es una tarea caótica. No importa si tu equipo es pequeño o si lideras una gran empresa, los problemas, el estrés y las expectativas siempre van a estar presentes. Ser líder no es estar en el trono dando órdenes y descansando. Ser líder es estar metido en el barro, ayudando a tu equipo, gestionando conflictos, solucionando problemas que ni siquiera sabías que existían y anticipando los que podrían aparecer en el futuro. Significa estar disponible, no solo para dar instrucciones, sino para ser parte activa del proceso, para apoyar y motivar en cada paso del camino. Y eso es, honestamente, agotador. No es una situación que se pueda tomar a la ligera ni una responsabilidad que puedas manejar sin conciencia plena de sus implicaciones.

Lo que la mayoría no te cuenta es que el caos forma parte del liderazgo, y abrazar ese caos sin perder tu equilibrio interno es donde reside la verdadera maestría. Tienes que encontrar tu centro, incluso cuando todo a tu alrededor parece colapsar. Y aquí es donde muchos fallan: en nuestra misión de ser líderes óptimos, muchas veces nos olvidamos de una cosa básica y fundamental: somos humanos. Y, como humanos, tenemos un límite. Necesitamos descansar, necesitamos tiempo para nosotros y necesitamos reconocer que no siempre podemos con todo. La diferencia entre un buen líder y un líder quemado es saber cuándo parar, cómo establecer límites y cómo gestionar la presión sin perder la cabeza (o, al menos, sin que se caiga toda tu melena de la noche a la mañana). Además, parte de este proceso es ser honestos con nuestro equipo sobre nuestras propias limitaciones; ser transparentes sobre la necesidad de descanso y autocuidado no nos hace menos capaces, sino que nos humaniza, nos conecta más con ellos y les enseña también la importancia del autocuidado.

No se trata de ser perfectos, sino de ser conscientes. Entender que no tienes por qué estar en todos los fuegos, que no puedes apagarlos todos tú solo. Tu rol como líder no es solo resolver, sino empoderar a tu equipo para que también sepan cómo gestionar las crisis y actuar en tu ausencia. Un equipo bien preparado no necesita que su líder esté en todas partes; necesitan un líder que les haya dado las herramientas y la confianza para actuar por sí mismos. Por eso, necesitas desarrollar la capacidad de delegar efectivamente y entender que ser vulnerable y admitir que necesitas tiempo para ti es parte de lo que te convierte en un gran líder. Cuando los líderes demuestran la importancia de cuidarse, los miembros del equipo también aprenden a cuidarse mejor y a respetar sus propios límites.

Otra cosa importante es la forma en la que administramos el tiempo y las energías. Necesitamos ser conscientes de que las expectativas, a menudo, son inalcanzables si no ponemos freno. Vivimos en un entorno que glorifica la productividad y que castiga el descanso, pero la verdad es que la verdadera productividad se alcanza cuando estamos en nuestra mejor condición física y mental. Así que, si ves que el caos está tomando el control y que la lista de tareas no para de crecer, es momento de hacer un alto en el camino y reflexionar: ¿qué es verdaderamente importante ahora? ¿Qué puede esperar? Y, sobre todo, ¿qué necesitas tú para estar bien y seguir aportando lo mejor de ti al equipo?

Un buen líder entiende que el descanso no es opcional, que tomarse tiempo para desconectar es una inversión en el bienestar del equipo entero. Porque cuando tú estás bien, tu equipo también lo estará. Es vital ser capaz de decir: «Hoy me desconecto», «Hoy necesito tiempo para mí», sin sentirte culpable por ello. Ser líder es saber identificar cuándo es momento de avanzar y cuándo es momento de detenerse para recargar. Y es ahí, en ese equilibrio dinámico, donde realmente se demuestra la grandeza del liderazgo.

No necesitas ser el mártir de tu equipo

Si alguna vez te has sentido como el único en tu equipo que está tirando del carro, quiero que sepas que no estás solo. Muchos líderes se sienten así, creyendo que si ellos no se encargan de todo, nadie más lo hará. Pero esta mentalidad, además de ser falsa, te está llevando directo al abismo del agotamiento. La verdad es que un equipo solo puede ser tan fuerte como su líder, y si ese líder se quema, el equipo entero pierde su rumbo. Creer que debes ser el único capaz de empujar hacia adelante es una trampa mortal que te impones a ti mismo, una que te desgasta y te impide realmente ser efectivo. Liderar no es cargar con todo el peso, es distribuir esa carga de manera inteligente.

No necesitas ser el mártir de tu equipo, y no, tu valor como líder no se mide por cuántas horas extra trabajes o cuánto sacrifiques tu vida personal. De hecho, el sacrificio constante e interminable no te convierte en mejor líder, sino en alguien que está descuidando lo más importante: tu propia sostenibilidad. Liderar es saber delegar, saber confiar y entender que el equipo es más fuerte si todos aportan. Liderar también es reconocer que no puedes controlar todo y que tu equipo tiene un papel esencial que debes permitirle cumplir. Claro que tendrás que dar la cara en momentos clave, pero si tu estrategia para ser un buen líder se basa en trabajar hasta colapsar, no estarás liderando, estarás autodestruyéndote. Y, peor aún, estarás enseñando a tu equipo que esta forma de actuar es la norma, lo cual los llevará también a desgastarse.

Liderar con eficacia no significa que tengas que ser la única fuente de solución para cada problema. En lugar de eso, se trata de construir un equipo fuerte y capaz, empoderarlos para que tomen decisiones, fomentar una cultura donde cada uno pueda asumir responsabilidades y apoyarse mutuamente. Un buen líder es aquel que sabe reconocer sus límites, que entiende que para poder cuidar de los demás primero tiene que cuidar de sí mismo. Establecer horarios, decir que no cuando es necesario y asegurarse de tener tiempo para la vida fuera del trabajo no son signos de debilidad, sino de inteligencia y sostenibilidad. No solo estarás cuidándote a ti mismo, sino que estarás sirviendo de ejemplo para tu equipo, mostrándoles que el equilibrio entre la vida y el trabajo es esencial para tener un rendimiento sostenible a largo plazo.

Un buen líder también sabe escuchar a su equipo cuando nota señales de agotamiento. Tal vez algunos de los miembros del equipo también estén sintiendo que llevan el peso sobre sus hombros y no se animan a hablarlo. Tu papel es también crear un ambiente donde la comunicación abierta sea bienvenida, donde todos puedan expresar sus necesidades y establecer límites. Reconocer las necesidades del equipo y ajustar cargas de trabajo es tan importante como reconocer las tuyas propias.

Haz una pausa por un momento e imagina cómo cambiaría el panorama si cada miembro del equipo pudiera contribuir con lo mejor de sí mismo, sin miedo al agotamiento ni al desgaste crónico. Como líder, tu responsabilidad es guiar, pero también empoderar a otros a ser guías de sí mismos y de los demás. No se trata de ser el mártir del equipo, sino de ser el facilitador que mantiene la energía fluyendo y la motivación alta. Eso solo es posible si también te ocupas de ti. El liderazgo no es un acto de sacrificio interminable; es un acto de equilibrio y sostenibilidad a largo plazo.

Ejercicio: Diseña tu propia rutina de autocuidado sin sentirte culpable

La clave para liderar sin quemarse está en el autocuidado. Pero hablemos claro: el autocuidado no es irte a un *spa* de lujo cada semana (aunque si puedes, adelante, invítame), ni tampoco se trata de darte un atracón de series para evadirte de la realidad. El autocuidado es una estrategia, un plan que implementas para que tu energía no se agote y para que tu mente pueda seguir funcionando a pleno rendimiento sin que explotes.

Vamos a hacer un ejercicio. Quiero que pienses en las cosas que realmente te recargan. Quizá es dar un paseo, leer un buen libro, dedicar tiempo a tu familia, hacer deporte o simplemente desconectar con una buena música. Ahora, el truco está en planificar estas actividades de la misma forma que planificas reuniones y tareas de trabajo. Sí, en tu agenda. Haz que esas horas de autocuidado sean tan sagradas como las reuniones con el cliente más importante. Porque la verdad es que tu bienestar es, de hecho, la clave para que puedas ser ese líder que tu equipo necesita.

Haz una lista de tus actividades de autocuidado y escribe cómo las puedes implementar de manera regular. Añádelas a tu calendario semanal. Sí, ya sé lo que estás pensando: «¡No tengo tiempo para eso!». Pero si no encuentras tiempo para ti, tú mismo estás decidiendo que no serás capaz de liderar en el largo plazo. Tú decides: ¡autocuidado o autodestrucción!

Redefiniendo el éxito: No se trata de hacerlo todo

Uno de los mayores enemigos de un líder es la creencia de que tiene que hacerlo todo. Que ser el líder es igual a ser el único que sabe cómo resolver cada problema, que tiene todas las respuestas y que puede con cada carga. Pero la realidad es mucho más simple: no puedes hacerlo todo y no pasa nada por reconocerlo. De hecho, reconocerlo es el primer paso hacia un liderazgo más consciente y eficaz. Muchas veces nos imponemos expectativas imposibles, creyendo que nuestra valía depende de nuestra capacidad para abarcarlo todo. Sin embargo, un líder no está para ser omnipresente; un líder está para guiar, inspirar y empoderar a otros para que también se conviertan en soluciones para el equipo. Reconocer que no puedes con todo te libera de una carga innecesaria y, además, abre el camino para que tu equipo pueda crecer y desarrollarse plenamente. Nadie quiere seguir a un líder que se desgasta tratando de hacer el trabajo de todos, sino a alguien que sabe cómo distribuir el peso de forma inteligente y equitativa.

El éxito como líder no se mide por cuántas tareas puedas acumular, sino por tu habilidad para crear un equipo que pueda resolverlas, incluso cuando tú no estás. Imagina que liderar es como ser el director de una orquesta. No puedes tocar todos los instrumentos, pero puedes asegurarte de que cada músico sepa tocar su parte de la mejor manera posible. El líder que sabe delegar, que sabe confiar en los demás y que construye un equipo fuerte y capacitado, es el que realmente tiene éxito. Porque será un líder que no se quema, que puede mantenerse a largo plazo y que tiene un equipo que funciona, incluso en los momentos más difíciles. La verdadera prueba de liderazgo no es cuánto puedes hacer tú, sino cuán independiente y autosuficiente puede ser tu equipo bajo tu orientación. Crear un equipo que funcione sin ti no significa que no seas necesario, sino que has logrado darles el poder y la confianza que necesitan para actuar y tomar decisiones por sí mismos.

Aprender a decir «No» o «No puedo ahora, pero alguien más puede», es una habilidad fundamental que pocos se atreven a cultivar. Nos han vendido la imagen de que el buen líder es aquel que está en todas partes y tiene todas las respuestas, pero eso no es realista ni sostenible. Decir «no» no es una muestra de debilidad, sino de fortaleza. Saber cuándo decir «no» es una forma de protegerte a ti mismo y de darle a tu equipo la oportunidad de crecer. Significa que puedes reconocer tus propias limitaciones y que entiendes que no siempre debes ser la solución a cada problema. Al decir «no», estableces límites claros, no solo para ti mismo, sino también para tu equipo. Estos límites son esenciales para evitar el agotamiento y para asegurarte de que tu energía se concentre en las áreas que realmente importan.

Además, decir «no» también empodera a tu equipo para tomar la iniciativa. Cuando les das la oportunidad de resolver problemas sin tu intervención directa, les demuestras que confías en sus capacidades y en su criterio. Esto, a su vez, crea un ambiente de confianza y respeto mutuo, donde cada miembro del equipo siente que su contribución es valiosa. Nos han hecho creer que los buenos líderes son aquellos que no descansan, que siempre están resolviendo crisis, pero la realidad es que los mejores líderes son aquellos que pueden hacer que su equipo prospere, incluso cuando ellos no están presentes físicamente. Si quieres ser un buen líder, aprende a reconocer dónde debes estar y dónde, sinceramente, tu equipo puede funcionar sin ti. Confía en tus colaboradores y dales el espacio necesario para que se desarrollen; ahí es donde verás el verdadero crecimiento, tanto de ellos como del equipo en su conjunto.

Cuando logras deshacerte de la necesidad de ser el «héroe» de todas las situaciones, descubres algo liberador: puedes enfocarte en el panorama general, en la estrategia, en el crecimiento del equipo y de la organización. Dejas de apagar incendios para empezar a prevenirlos, dejas de resolver problemas para empezar a crear soluciones a largo plazo. Y, lo más importante, te cuidas a ti mismo en el proceso. Porque ser líder no se trata de sacrificarse por completo por el bien de los demás; ser líder se trata de guiar a otros sin perderte en el camino. Confiar en tu equipo, permitirles brillar y saber cuándo dar un paso atrás es lo que verdaderamente te hará destacar como un líder que no solo es efectivo, sino también feliz y realizado.

Ser vulnerable también es liderar

Un líder que admite sus limitaciones, que se atreve a mostrar vulnerabilidad, es un líder que conecta profundamente con su equipo. La vulnerabilidad no es una debilidad;

es, de hecho, una de las formas más poderosas de liderazgo porque humaniza, porque muestra que tú, al igual que el resto del equipo, tienes días buenos y días malos, y eso está bien. Admitir que no somos perfectos genera una atmósfera de confianza y honestidad, donde todos se sienten más cómodos siendo ellos mismos. La conexión auténtica que se genera cuando un líder muestra sus luchas y desafíos hace que los miembros del equipo se sientan menos solos en sus propios retos, y esto fortalece el lazo colectivo. Dejar de lado la fachada de invencibilidad y ser auténtico puede ser lo que marque la diferencia entre un equipo que simplemente funciona y uno que prospera con fuerza.

Ser vulnerable también significa pedir ayuda cuando la necesitas, reconocer que no siempre tienes todas las respuestas y permitirte ser auténtico con tu equipo. A veces, como líderes, sentimos que mostrar cualquier signo de debilidad podría restar valor a nuestra autoridad, pero ocurre lo contrario: reconocer que también somos humanos refuerza nuestra autoridad porque muestra que somos genuinos. Cuando los miembros del equipo ven que su líder es capaz de cuidarse, que respeta sus propios límites y se permite tener momentos de flaqueza, se sentirán con más libertad para cuidarse a sí mismos también. Y esto, al fin y al cabo, es lo que construye equipos más fuertes y resilientes. Los equipos que tienen un líder auténtico, que no finge ser perfecto, son equipos que saben que está bien cometer errores, que se puede aprender de ellos y que el apoyo mutuo es más importante que mantener una apariencia rígida e inquebrantable.

Mostrar vulnerabilidad también significa compartir tus experiencias difíciles y lo que has aprendido de ellas. Hablar sobre un momento en el que fallaste o en el que te sentiste sobrepasado, pero luego encontraste una manera de superarlo, ofrece lecciones valiosas a los demás. Esto no solo genera empatía, sino que proporciona ejemplos concretos de resiliencia. Tu equipo aprenderá que, incluso cuando las cosas se ponen difíciles, es posible encontrar la salida y eso les dará la fuerza para enfrentarse a sus propios desafíos con más confianza. Además, compartir este tipo de experiencias fomenta una cultura de aprendizaje y crecimiento continuo, donde cada dificultad se ve como una oportunidad de mejorar y no como un motivo de culpa o vergüenza.

Finalmente, ser vulnerable es ser el espejo en el que tu equipo se pueda ver reflejado sin miedo. Es reconocer que el liderazgo no se trata de ser perfecto ni de no equivocarse, sino de crecer juntos, de apoyarse mutuamente y de estar ahí, tanto en los buenos como en los malos momentos. Un líder que muestra su vulnerabilidad abre la puerta a conversaciones reales, a conexiones profundas y a una cultura de apoyo incondicional. Y esto, en última instancia, es lo que define a los equipos más exitosos: la capacidad de ser genuinamente humanos, con todo lo que eso implica, y seguir avanzando juntos, más fuertes y más unidos.

¿Y qué pasa cuando ya estás quemado?

Si ya llegaste al punto de quemarte, quiero que te detengas. Sí, literal, detente. No tiene sentido seguir empujando si el coche ya no tiene gasolina. Detenerte no es rendirte, es darte la oportunidad de recargar fuerzas y volver a ser efectivo. Tómate un respiro, aunque solo sean unos días, e identifica las fuentes de agotamiento: «¿Qué es lo que te ha llevado hasta ahí? ¿Falta de apoyo de parte de tu equipo o superiores? ¿Falta de descanso adecuado durante un periodo prolongado? ¿Tareas excesivas que no has logrado delegar o priorizar? ¿Sentimiento de aislamiento al no compartir la carga con otros?».

Quiero que seas muy sincero contigo mismo durante este proceso. Toma papel y lápiz, o abre una nota en tu móvil y escribe sin filtros qué factores te han llevado a este punto. A veces, el simple hecho de externalizar nuestras preocupaciones y ser honestos acerca de nuestras limitaciones puede aliviar parte del peso que llevamos. Quizá descubras que estás tratando de cumplir expectativas que ni siquiera son realistas, o que te has dejado llevar por la idea de que, si no eres tú, nadie más podrá hacerlo.

Una vez que identifiques las causas, haz ajustes sin miedo. Redefine tus prioridades: «¿Qué es lo verdaderamente crucial para ti y para el equipo? ¿Qué tareas podrían esperar o ser delegadas?». Delegar no es un signo de fracaso, sino de sabiduría. Delega las tareas que no son críticas y comunícalo claramente a tu equipo. Quizá ellos también estén notando tu agotamiento y puede que haya soluciones que juntos podáis implementar. Recuerda que el liderazgo no se trata de cargar todo sobre tus hombros, sino de saber cómo compartir la carga de manera efectiva. Habla abiertamente con tu equipo, exprésales cómo te sientes y escucha sus sugerencias. Muchas veces, el simple hecho de compartir nuestra vulnerabilidad genera empatía y fortalece el vínculo del equipo.

Además, aprovecha este momento de pausa para replantearte algunas dinámicas. ¿Es el ritmo al que estás operando sostenible a largo plazo? Si no es así, piensa en qué medidas puedes tomar para hacer ajustes reales. Considera establecer límites más claros en tu jornada laboral, organizar descansos efectivos y asegurarte de que el trabajo no te siga a casa cuando tu día ya ha terminado. La cuestión es reconocer que el desgaste no es una señal de fracaso, sino una señal de que algo tiene que cambiar, y cambiar no solo es válido, sino necesario para poder seguir adelante de una manera saludable y exitosa.

Reflexiones finales: Cuidarte es cuidar a los demás

Lo más importante que quiero que te lleves de este capítulo es que liderar sin quemarte es posible, pero requiere que seas honesto contigo mismo y con tu equipo. No te engañes pensando que puedes con todo sin consecuencias. Tú no eres un superhéroe, eres un humano que también tiene que recargar energías. Priorizarte no es egoísmo, es sostenibilidad, y es la única manera de poder continuar liderando a largo plazo. El autocuidado debe ser visto como una estrategia esencial de liderazgo. La realidad es que un líder agotado no puede liderar efectivamente; liderar implica estar en tu mejor estado posible, y para ello necesitas cuidarte. No puedes dar lo mejor de ti si estás vacío o agotado y tu equipo necesita verte como un ejemplo de equilibrio y resiliencia.

El liderazgo es una maratón, no una carrera de velocidad. Cada paso cuenta y la constancia es más importante que el impulso momentáneo. Si quieres llegar lejos, debes aprender a cuidar tu energía, a delegar, a confiar y a desconectar cuando sea necesario. Tu equipo necesita un líder capaz, pero también necesita un líder sano, un líder que no se desgasta en el intento de hacerlo todo a la vez, sino que prioriza lo importante, delega de manera inteligente y sabe cuándo parar para recargarse. Establecer un equilibrio no solo beneficia a tu salud mental y física, sino que también establece una cultura dentro de tu equipo donde todos entienden la importancia del bienestar.

Así que, a partir de ahora, haz que el autocuidado sea una prioridad, sin excusas ni culpa. Comprométete a planificar tiempo para ti, tanto como planificarías tiempo para una reunión importante. Porque cuando tú estás bien, puedes liderar mejor, puedes tomar decisiones con mayor claridad y puedes apoyar a tu equipo de forma más efectiva. Pregúntate a ti mismo regularmente: ¿qué necesitas para sentirte bien y poder rendir a tu máximo nivel? A veces, la respuesta será más descanso, otras veces será desconectar del trabajo durante unas horas o días, y a veces, simplemente, será hablar con alguien en quien confíes sobre lo que estás sintiendo.

Porque, al final, liderar sin quemarte es la única manera real de ser ese líder que tanto quieres ser. No se trata solo de alcanzar metas y cumplir objetivos; se trata de hacerlo de una manera que sea sostenible y que te permita disfrutar del proceso. El verdadero liderazgo no está en cuántas horas puedes aguantar sin dormir o cuánto puedes sacrificarte, sino en cuánto puedes inspirar y guiar a tu equipo mientras también cuidas de ti mismo. Recuerda siempre: un líder descansado, equilibrado y feliz es un líder que puede marcar la verdadera diferencia.

Capítulo 11

SI NO MIDES, SOLO TE ESTÁS ENGAÑANDO

«Lo que no se mide no se puede mejorar».

– Peter Drucker

Llegaste hasta aquí, así que ya has aprendido a inspirar, delegar y a no volverte loco en el proceso. Pero a ver, ¿en serio crees que todo eso basta? No me malinterpretes, inspirar y delegar son fundamentales, pero si no puedes medir lo que haces y lo que tu equipo logra, lo siento, amigo, pero te estás vendiendo humo. La intuición es genial para el arte, para escribir un poema o para elegir qué pizza quieres, pero cuando hablamos de liderazgo, las métricas son el lenguaje de la verdad. No tener datos significa volar a ciegas, confiando en que la nave no se estrelle, y te aseguro que las probabilidades no están a tu favor sin una brújula fiable. Las métricas te dan esa brújula. Sin ellas, puedes acabar convencido de que todo va bien, solo porque nadie te ha dicho lo contrario (y probablemente nadie se atrevería a hacerlo). No se trata de ser un adicto a los números, sino de saber qué funciona y qué no, y tener la valentía de actuar en consecuencia.

Medir no significa convertirte en un robot sin emociones, no te equivoques. Las métricas no son enemigas de la creatividad ni del espíritu humano, todo lo contrario; bien usadas, liberan a tu equipo del estrés de la incertidumbre y les permite enfocarse en lo que realmente importa. No vamos a pasar del estilo inspirador al tedio burocrático de los informes eternos. Eso no funciona y, además, te aburrirías tanto que acabarías odiando tu propio trabajo. Pero entender el rendimiento de tu equipo es clave y para eso necesitas sistemas sencillos, prácticos y directos. Algo que puedas poner en práctica sin sentir que necesitas una segunda carrera en análisis de datos. Si lo haces bien, podrás detectar los problemas antes de que te exploten en la cara, celebrar los éxitos con fundamento y ajustar lo que no funciona sin tener que entrar en pánico ni dar palos de ciego. Medir es prever, es afinar, es mantener a tu equipo en el mejor estado de forma posible. Así que abre bien los ojos, porque ha llegado el momento de ser brutalmente honesto y evaluar si todo ese esfuerzo vale la pena o si solo están calentando la silla. Y, créeme, si no lo haces, estarás cavando tu propia tumba como líder.

Piénsalo, cada esfuerzo sin medir su impacto es como lanzar una flecha al aire con los ojos vendados y esperar que acierte en el blanco. Es frustrante para ti y para tu equipo. Si no sabes hacia dónde vas y qué tan lejos estás de llegar, todo se convierte en un juego de suposiciones. No hay peor sensación que estar trabajando duro y no tener la menor idea de si todo ese esfuerzo está sirviendo para algo. Las métricas te permiten tener claridad, dirección y confianza en que vas en la dirección correcta. Imagínate un barco en medio del océano sin un mapa ni una estrella que seguir. Podrás avanzar, pero jamás sabrás si lo haces en la dirección correcta y, tarde o temprano, terminarás agotado, perdido y probablemente sin combustible.

Los grandes líderes entienden que la medición no es una carga, es un aliado. Saber qué funciona te da poder para replicarlo y saber qué falla te da la oportunidad de mejorarlo. No medir significa vivir en la ignorancia. Significa esperar que las cosas salgan bien por pura suerte, y déjame decirte algo: la suerte no es una estrategia sostenible. Medir también significa ajustar la ruta cuando sea necesario. Si tus métricas te muestran que algo no está funcionando, no es el fin del mundo; al contrario, es la oportunidad para hacer cambios antes de que sea demasiado tarde. Y esa capacidad de reaccionar a tiempo es lo que realmente diferencia a los grandes líderes de los mediocres. La mediocridad no se atreve a medir porque tiene miedo de los resultados. Un verdadero líder, en cambio, se enfrenta a esos números con valentía, los acepta y trabaja sobre ellos.

Pero espera, no te confíes. No todo lo que se puede medir es relevante, y ahí es donde también debes tener criterio. No te pierdas en el análisis de métricas innecesarias. Enfócate en lo que verdaderamente tiene un impacto directo en los objetivos del equipo. Hacer un seguimiento detallado de cada pequeño paso puede ser tan contraproducente como no medir nada. Si te enfocas en las métricas equivocadas, te puedes perder lo que realmente importa. Así que, antes de empezar a medir, pregúntate: «¿Qué quiero lograr?», «¿Qué información necesito para saber si estoy en el camino correcto?». Esa es la clave para que las métricas sean tu brújula y no una distracción más.

Por último, recuerda que las métricas no lo son todo. Tienen un propósito y es ayudarte a entender la realidad, pero la verdadera magia ocurre cuando combinas esos datos fríos con la parte humana. Las historias detrás de esos números son igual de importantes. Cada número refleja el esfuerzo de una persona, los desafíos a los que se enfrentó, los obstáculos que superó... Si solo te enfocas en las cifras y te olvidas de lo humano, entonces estás perdiendo una parte esencial del liderazgo. Las métricas son el punto de partida, pero la conexión con tu equipo, la empatía y la capacidad de inspirar son lo que te llevará a otro nivel. Así que mide, sí, pero nunca pierdas de vista el corazón detrás de cada resultado.

La intuición está bien, pero las métricas mandan

Vamos al grano: liderar sin métricas es como intentar cocinar sin saber las cantidades. Sí, podrías tener suerte, pero la mayoría del tiempo acabarás con un desastre en la cocina (o en el equipo). Los líderes con intuición son geniales, pero los líderes que combinan intuición con datos son imparables. Las métricas no solo te muestran si vas bien o no, también te ofrecen la claridad que necesitas para afinar tus decisiones y para saber cuándo dar un golpe de timón sin perder el rumbo. Y esa claridad es lo que distingue a los líderes que dejan huella de aquellos que simplemente se dejan llevar por la corriente. Cuando tienes datos, puedes tener confianza en las decisiones que tomas, sin depender de la suerte o de la sensación del momento. Puedes identificar patrones, descubrir lo que funciona y repetirlo, o lo que falla y mejorarlo antes de que sea tarde.

Hay algo fundamental que debes entender: medir no significa controlar cada respiración de tu equipo. No te equivoques, las métricas no son para regañar a la gente porque no han llegado a doscientos correos enviados por día. Eso es un desperdicio de tiempo y energía. Las métricas son para identificar si el esfuerzo que cada miembro de tu equipo está haciendo tiene un impacto real. Y aquí es donde entra en juego la diferencia entre microgestionar y liderar efectivamente. No necesitas vigilar cada pequeño detalle, lo que necesitas es observar si los resultados se alinean con los objetivos que se propusieron. Se trata de algo más grande: determinar si lo que hacen tiene impacto, si sus esfuerzos les están llevando a donde queríais. ¿Te suena la diferencia entre eficacia y eficiencia? Bueno, si solo estás buscando eficiencia sin tener claro si lo que estás haciendo tiene sentido, ¿para qué molestarse?

A veces, la eficiencia te puede llevar al punto de hacer cosas de manera impecable, pero si esas cosas no te están llevando a un resultado que sea verdaderamente relevante, entonces toda esa energía se está desperdiciando. Es como tener un coche que puede ir muy rápido, pero que no está en la carretera correcta. Es importante entender que medir bien es más que tener números; es asegurarse de que esos números realmente signifiquen algo importante. Y eso requiere criterio, experiencia y, a veces, esa misma intuición que mencionábamos antes, pero apoyada en datos.

Cuando tienes métricas claras, también puedes motivar mejor a tu equipo. Puedes mostrarles no solo que están avanzando, sino cómo están contribuyendo al éxito del proyecto. Cuando las personas ven resultados tangibles de su trabajo se sienten más comprometidas y motivadas. Y esto no se trata simplemente de productividad; se trata de hacer que cada persona sienta que su trabajo tiene un propósito y que ese propósito está llevando al equipo hacia algo grande. Cuando puedes medir, puedes celebrar los pequeños logros y utilizarlos como combustible para alcanzar objetivos más grandes. Y esas celebraciones no tienen que ser exageradas. Pueden ser simples reconocimientos, pero que sean auténticos y basados en logros reales.

Así que, sí, medir es fundamental, pero también lo es cómo comunicas esos resultados. Si solo te limitas a recitar una lista de métricas sin ponerlas en contexto, pierdes la oportunidad de inspirar. Las métricas son herramientas poderosas, pero solo si las usas para guiar, ajustar y celebrar el progreso. Recuerda, tu objetivo no es solo obtener buenos números, sino usar esos números para construir un equipo fuerte, cohesionado y que sepa hacia dónde va. Así que mide, pero no solo para el control, sino para la claridad, la motivación y el propósito compartido. Porque eso, a fin de cuentas, es lo que transforma un grupo de personas en un verdadero equipo.

Cómo saber si tu equipo rinde o solo están calentando la silla

Vale, entonces, ¿cómo demonios mides el rendimiento sin convertirte en un jefe controlador? La respuesta está en tener claras tus metas y los indicadores que te permitirán saber si estás acercándote a ellas. Y no, no hablo de objetivos tan ambiguos como «mejorar la productividad» o «ser más felices». Los objetivos necesitan ser concretos, medibles y realistas. Además, es esencial que estos objetivos estén alineados con la visión general del equipo y de la empresa. No sirve de nada definir metas que no contribuyan directamente a un propósito mayor; todo tiene que tener un sentido y un porqué.

Uno de los mejores enfoques es usar la metodología OKR (son las siglas en inglés de *Objectives and Key Results*, que en español se traduce como objetivos y resultados clave). Un OKR te dice qué quieres lograr y cómo sabrás que lo has logrado. Algo así como: «Quiero mejorar la comunicación del equipo», y un «Resultado Clave» sería: «Tener al menos una reunión de sincronización semanal donde todos compartan avances y problemas». ¿Ves? Algo claro, concreto y verificable. Es importante también que los OKR se revisen periódicamente para asegurarse de que siguen siendo relevantes y alcanzables. No hay nada peor que perseguir un objetivo que ya no tiene sentido porque las circunstancias han cambiado. La flexibilidad es clave en la gestión de objetivos, ya que el entorno laboral es dinámico, y si bien es importante tener objetivos claros, también lo es saber cuándo ajustarlos.

Pero no te olvides de que también hay otras métricas cualitativas que pueden ser igual de importantes. Hacer un seguimiento del clima laboral mediante encuestas de satisfacción o tener conversaciones con cada uno de los miembros de tu equipo puede proporcionarte un gran contexto para interpretar esas cifras frías. Las métricas cualitativas, como las impresiones personales sobre cómo están trabajando las cosas, las relaciones dentro del equipo o la percepción sobre la carga de trabajo, son tan importantes como los números. Porque, al fin y al cabo, el éxito no es solo cumplir un número; es también garantizar que tu equipo está motivado y comprometido. Si no tienen ganas de levantarse por la mañana para trabajar en tus proyectos, entonces hay algo que está fallando. Por eso es vital incluir métricas que midan la satisfacción, el compromiso y el bienestar.

De hecho, una de las formas más efectivas de medir el rendimiento cualitativo es tener conversaciones abiertas y honestas. No siempre es suficiente con enviar encuestas anónimas y esperar que la gente diga lo que realmente siente. A veces, los miembros del equipo necesitan el espacio y la oportunidad para expresarse libremente y saber que sus opiniones serán escuchadas sin temor a represalias. Estos momentos son clave para entender las historias detrás de los números y ver el panorama completo. Y no solo se trata de detectar problemas, sino también de identificar qué está funcionando bien, qué motiva al equipo, qué procesos están ayudando a mantener el flujo de trabajo sin estrés. La retroalimentación cualitativa puede darte pistas sobre dónde poner más recursos, qué ajustes hacer en la cultura del equipo y cómo seguir adelante de una manera que motive a todos los involucrados.

Al combinar métricas cuantitativas con métricas cualitativas, estás asegurándote de que la evaluación del rendimiento es completa y justa. Las métricas frías pueden decirte cuánto trabajo se ha realizado, pero las métricas cualitativas te ayudarán a entender cómo se ha realizado y qué impacto ha tenido ese trabajo en el equipo. Así, puedes equilibrar la presión de cumplir objetivos con la creación de un ambiente laboral saludable y positivo, y eso, amigo mío, es la clave para ser un buen líder y no un tirano de oficina. Es fundamental reconocer que detrás de cada número hay una persona, un esfuerzo y una historia, y tu labor como líder es hacer que cada miembro del equipo sienta que sus esfuerzos valen la pena, que su trabajo tiene un propósito real y que están creciendo junto al proyecto. Así que mide, sí, pero mide con cabeza y con corazón.

Ejemplo práctico: Crea un sistema de medición que no sea un tostón

Hablemos de un ejemplo práctico para que esto no se quede en puras palabras bonitas. Imagina que diriges un equipo creativo y quieres medir la productividad y la calidad de sus entregas sin caer en un pozo de burocracia infinita. Empieza por definir OKR trimestrales y mete también un componente de retroalimentación.

Objetivo: *Mejorar la calidad de los entregables creativos.*

Resultados clave:

1. Obtener una calificación promedio de 8 o más sobre 10 en las revisiones de clientes sobre los trabajos entregados.

2. Reducir en un veinte por ciento las revisiones necesarias antes de la entrega final en comparación con el trimestre anterior.
3. Tener al menos dos sesiones de *brainstorming* exitosas con ideas que luego se implementen en proyectos reales.

Además, añade un componente de autoevaluación dentro del equipo. Haz que cada miembro reflexione sobre su propia contribución, los retos a los que se enfrentaron y cómo podrían haber hecho las cosas de una manera diferente para mejorar. Esta autoevaluación les permitirá tomar responsabilidad sobre sus propias áreas de mejora sin necesidad de que siempre venga un líder a señalar qué hacer. La retroalimentación debe ser tanto horizontal como vertical; es decir, no solo de ti hacia el equipo, sino también entre compañeros. Fomenta un espacio donde los colegas puedan comentar cómo se sienten trabajando juntos y qué podrían mejorar para ser más efectivos como grupo.

Además, programa reuniones de *feedback* donde todos compartan lo que creen que fue un éxito y lo que podría mejorarse. Esto no solo permite tener datos claros, sino que da a tu equipo una voz y un sentido de pertenencia al proceso. Incluso podrías introducir un sistema de reconocimiento interno, donde cada semana uno de los miembros del equipo destaque a un compañero por alguna contribución notable. Estos pequeños reconocimientos fomentan un ambiente positivo y un enfoque en la mejora continua, y permiten que todos se sientan valorados.

También considera la posibilidad de implementar métricas de proceso además de métricas de resultado. Las métricas de proceso se enfocan en cómo se está haciendo el trabajo, no solo en el resultado final. Esto puede incluir el número de sesiones creativas realizadas, la puntualidad en las entregas intermedias o el número de ideas nuevas generadas durante el trimestre. Estas métricas te ayudarán a tener una visión más integral del progreso del equipo y a identificar en qué puntos del proceso podrías necesitar intervenir o ajustar algo para mejorar la eficiencia o la calidad del trabajo.

Por último, asegúrate de tener un seguimiento constante, pero sin que esto se convierta en una carga pesada. No se trata de tener reuniones interminables ni reportes diarios que ahoguen la creatividad. Puedes hacer un pequeño *check-in* semanal, algo breve, en el que todos compartan cómo se sienten y en qué están trabajando. La clave está en mantener el equilibrio entre la estructura y la flexibilidad, de modo que puedas adaptarte a lo que necesites sin perder de vista los objetivos importantes.

Diseña tu propia evaluación brutalmente honesta

Ahora que tienes el panorama claro, es hora de que tomes la iniciativa y construyas tu propio sistema de evaluación. Aquí no hay espacio para excusas: serás honesto contigo mismo y con tu equipo. Reflexiona sobre lo que realmente importa para tu rol y para el de ellos. Evita enfocarte en actividades diarias superfluas. En lugar de contar correos enviados, concéntrate en cuántas soluciones generaste, cuántos problemas anticipaste y en cómo el trabajo de tu equipo está impactando de verdad en los resultados del negocio.

Toma un cuaderno, sí, un cuaderno de verdad, y haz dos columnas. En una de ellas escribe: «¿Qué objetivo tenemos como equipo?» y en la otra: «¿Cómo sabemos que nos estamos acercando?». Hazlo también con cada persona de tu equipo y discutidlo juntos. Esto no es una caza de brujas, es una oportunidad para ver si todos están en la misma página y si lo que están haciendo todos los días tiene sentido. Al final, la honestidad en la evaluación es lo que te va a salvar del autoengaño y del letargo.

Una vez que hayas anotado los objetivos y los métodos para medir el avance, tómate el tiempo para revisar estos apuntes con cada miembro del equipo, no solo de manera individual, sino también en conjunto. Es importante que estas evaluaciones no se conviertan en un monólogo, sino en un diálogo abierto en el que cada persona pueda expresar sus desafíos y logros, así como las oportunidades que ve para mejorar. Esto fomenta la transparencia y crea un ambiente donde se valora el esfuerzo colectivo.

Recuerda que esta evaluación debe incluir tanto los aspectos positivos como los negativos. Es fácil centrarse solo en lo que no está funcionando, pero también es importante reconocer lo que se está haciendo bien. Esto ayuda a identificar cuáles son las prácticas que deberías mantener y expandir. Pide a cada miembro del equipo que destaque algo que considere un logro y luego algo en lo que sienta que puede mejorar. Estos dos puntos de referencia te darán una imagen equilibrada entre el rendimiento individual y el colectivo.

Además, considera la posibilidad de implementar un sistema de autoevaluación mensual. Este sistema puede ser tan simple como pedir a cada miembro del equipo que se califique a sí mismo en diferentes áreas clave, como, por ejemplo, comunicación, gestión del tiempo, innovación y colaboración. La idea no es juzgar, sino generar un hábito de reflexión constante. Esta práctica permite que cada miembro del equipo se haga consciente de su propio progreso y se enfoque en mejorar de manera continua.

Además, la evaluación brutalmente honesta no debe ser solo una vez al año. Hazla periódicamente para que se convierta en parte de la cultura del equipo. Cuando el *feedback* es algo constante, deja de ser un motivo de estrés y se convierte en una herramienta de crecimiento. Todos, desde el líder hasta el último miembro del equipo, se benefician de un ciclo continuo de reflexión y ajuste. El objetivo no es la perfección inmediata, sino la mejora constante.

Para que la evaluación sea realmente efectiva, asegúrate de cerrar cada sesión con un plan de acción claro. No basta con señalar qué salió mal o qué se puede mejorar, hay que definir pasos concretos que cada miembro del equipo se comprometa a llevar a cabo. Estos compromisos no solo deben ser anotados, sino también revisados en la próxima sesión para ver el avance. Esto le da continuidad al proceso y asegura que cada evaluación conduzca a una mejora tangible.

Un punto importante es que estas evaluaciones no deben ser percibidas como una carga. Puedes hacerlas más dinámicas, integrando herramientas visuales como tableros de progreso, gráficos de rendimiento o incluso sesiones de *brainstorming* sobre cómo abordar los desafíos identificados. Esto no solo hará el proceso más ameno, sino que también fomentará la creatividad y la colaboración dentro del equipo.

Finalmente, considera incorporar una evaluación cruzada, donde los miembros del equipo puedan evaluar de forma constructiva el rendimiento de sus compañeros. Este tipo de evaluación puede generar mucha información valiosa sobre la dinámica del equipo que quizá no detectes como líder. Además, ayuda a construir una cultura de apoyo mutuo y responsabilidad compartida. Si todos se sienten responsables del éxito del equipo, el rendimiento general mejorará exponencialmente. A fin de cuentas, una evaluación no se trata solo de marcar casillas, sino de crear una cultura de crecimiento y compromiso constante.

Celebrar los logros, pero sin dormirse

No quiero que se me olvide algo esencial: cada logro, cada objetivo alcanzado, merece ser celebrado. Y no, no hablo de dar un aplauso al aire o hacer una pequeña mención en la reunión del lunes. Celebrar significa reconocer de manera genuina el esfuerzo de cada persona y del equipo. Aun cuando la meta sea pequeña, esa clase de reconocimiento refuerza la motivación, el compromiso y la energía que todos ponen en su trabajo. Celebrar significa también dar espacio para reconocer los desafíos superados, las horas dedicadas y el empeño que cada persona ha puesto para llegar a la meta. Es la validación de todo el proceso, no solo del resultado final, y eso es lo que lo hace tan importante.

Haz que cada logro se sienta significativo, porque si solo te enfocas en lo que falta y en las deficiencias, tu equipo pronto perderá la pasión. Pero también ten cuidado: la celebración debe ser medida, ¡nada de dormirse en los laureles! En lugar de una «celebración vacía», haz que sea un paso para reflexionar sobre qué hizo que el equipo tuviera éxito y cómo podría repetirse o incluso mejorarse. Cada celebración debe llevar un aprendizaje. Aprovecha para discutir brevemente qué pasos llevaron al éxito, qué factores ayudaron y cómo podríamos implementar ese aprendizaje en futuros proyectos. Estas reflexiones permiten que cada miembro entienda no solo el valor del esfuerzo, sino también las claves del éxito y cómo cada pieza del engranaje contribuyó a que el equipo avanzara.

Celebra los logros individuales y los colectivos. Ambas formas de reconocimiento tienen efectos positivos y ambos tipos de logros son importantes para el éxito del equipo. Los logros individuales motivan a cada persona a seguir esforzándose, a sentirse vista y valorada, mientras que los logros colectivos refuerzan la unidad y el sentido de pertenencia. Asegúrate de que las celebraciones sean inclusivas y que todos se sientan parte de los logros alcanzados. Puedes organizar pequeñas actividades de *team building* para celebrar, como un almuerzo o una actividad lúdica que todos disfruten, algo que vaya más allá de lo simbólico y que sirva para reforzar los lazos dentro del equipo. Además, podrías considerar realizar ceremonias de reconocimiento mensuales, donde cada miembro tenga la oportunidad de compartir algo positivo sobre un compañero. Esto no solo fomenta la buena voluntad, sino que también alimenta una cultura de apoyo y colaboración.

No todas las celebraciones tienen que ser grandes eventos; a veces, los pequeños gestos cuentan mucho. Un mensaje personalizado, una nota de agradecimiento o incluso un reconocimiento público durante una reunión pueden tener un impacto significativo. Lo esencial es que cada persona se sienta apreciada por su contribución. Además, asegúrate de que cada logro se conecte con el propósito más grande del equipo. Al resaltar cómo cada pequeño éxito contribuye al objetivo final, fortaleces la noción de que el esfuerzo de cada individuo tiene un impacto real y valioso en el conjunto.

Finalmente, recuerda que las celebraciones también son una oportunidad para unir al equipo de manera más profunda. Aprovecha estos momentos para que las personas compartan sus experiencias, qué obstáculos superaron y qué aprendieron en el proceso. Puedes hacer que cada celebración incluya una pequeña sesión donde los miembros hablen sobre sus aprendizajes personales; esto no solo fomenta la reflexión, sino que también ayuda a que todos entiendan mejor el proceso por el cual han pasado. Estas conversaciones abiertas fortalecen la empatía dentro del equipo y ayudan a que todos se sientan más conectados. Celebrar es más que solo reconocer el éxito; es un proceso continuo de aprendizaje y unión que refuerza la cohesión del equipo y prepara el terreno para futuros desafíos.

La importancia de los sistemas frente a los objetivos aislados

Los objetivos están bien, pero sin sistemas y rutinas que los respalden son solo sueños con fecha de caducidad. Un objetivo es el destino, pero el sistema es el vehículo que te llevará hasta allí. Aun cuando estés alcanzando tus metas, si no creas un sistema que te permita mantener los niveles de productividad y calidad que necesitas, los logros serán solo anecdóticos. Piensa en un atleta: gana carreras no porque se fija un objetivo cada semana, sino porque tiene un sistema de entrenamiento consistente que respalda sus metas. Este sistema incluye todo, desde la dieta, los horarios de entrenamiento, la preparación mental, hasta los períodos de descanso. De la misma forma, tu liderazgo requiere un sistema integral que contemple cada aspecto necesario para el éxito continuo.

Aplícalo a tu liderazgo: establece rutinas, procesos y estructuras que automaticen y apoyen el avance hacia tus objetivos. Si cada persona sabe cuándo va a recibir *feedback,* cuándo tiene que entregar un proyecto y cómo se le evaluará, las metas serán mucho más fáciles de alcanzar. Además, un buen sistema permite reducir la carga cognitiva del equipo, ya que elimina la incertidumbre. Cuando todos saben qué esperar y cuándo, pueden concentrar su energía en ser creativos y en resolver problemas, en lugar de preocuparse por lo que va a pasar después. La claridad que ofrece un sistema bien estructurado permite que todos los integrantes del equipo trabajen con la confianza de que están avanzando en la dirección correcta, sin gastar energía en cuestiones superfluas.

Un sistema sólido también te ayudará a superar los momentos difíciles. Habrá días en que el entusiasmo decaiga o en que las cosas no salgan según lo planeado. Es ahí donde un buen sistema mantiene el barco a flote. Mientras todos los integrantes del equipo tengan claras sus responsabilidades y los procesos sigan operando, se pueden sortear las dificultades sin perder el rumbo. Tener un sistema es lo que evita que el equipo se desmorone cuando las cosas se ponen complicadas. En momentos de crisis, los sistemas ofrecen un punto de referencia y estabilidad, proporcionando una base desde la cual el equipo puede reorganizarse y continuar. Piensa en esos momentos difíciles como en una tormenta en el mar: el sistema es el ancla que evita que el barco sea arrastrado sin rumbo.

Recuerda: un buen sistema es uno que puede ser replicado y mejorado. No debe ser rígido, sino un marco que pueda adaptarse a las necesidades del momento. Los sistemas efectivos son aquellos que evolucionan con el equipo y las circunstancias. Cada vez que te encuentres con una dificultad o una oportunidad de mejora, pregúntate cómo puedes ajustar el sistema para que el equipo siga avanzando con más facilidad. Un líder efectivo no solo fija metas, sino que crea los caminos que permiten alcanzarlas, una y otra vez, con consistencia. La iteración y la adaptabilidad son la esencia de un buen sistema. No temas rediseñar las estructuras y los procesos si eso es lo que el equipo necesita para mejorar. La mejora continua debe ser parte fundamental del sistema.

Por ejemplo, considera integrar revisiones periódicas del sistema como parte del trabajo del equipo. Estas revisiones pueden ser mensuales o trimestrales y deben incluir una evaluación de qué procesos están funcionando y cuáles necesitan unos ajustes. Involucra a tu equipo en estas revisiones para que puedan compartir su perspectiva sobre qué funciona y qué no, y así todos puedan contribuir a la mejora continua. De esta manera, todos se sienten parte del proceso y comprenden que el sistema está diseñado no solo para alcanzar objetivos, sino para facilitar su trabajo diario y su crecimiento profesional.

Un buen sistema también debe contemplar el equilibrio entre la flexibilidad y la estructura. No debe ser tan rígido que ahogue la creatividad, pero tampoco tan flexible que genere caos. Encuentra un punto intermedio donde todos se sientan cómodos, pero que también impulse la eficiencia. Recuerda: un buen sistema establece rutinas claras, pero deja espacio para la improvisación cuando sea necesario. Esto permite que el equipo se adapte a cambios inesperados sin perder la dirección. La capacidad de respuesta del sistema es tan importante como la previsibilidad que ofrece.

Finalmente, no olvides que un sistema sólido es uno que empodera a las personas. No se trata solo de alcanzar objetivos, sino de crear un entorno donde cada miembro del equipo pueda prosperar. Un buen sistema ayuda a cada persona a entender su rol, sus responsabilidades y cómo su trabajo contribuye al éxito general del equipo. Cuando un equipo trabaja bajo un sistema bien diseñado, cada miembro se siente más seguro, motivado y capaz de enfrentarse a los desafíos. Y esa es la verdadera magia de un buen sistema: hace que el éxito sea replicable y que el esfuerzo colectivo se convierta en algo más grande que la suma de sus partes. El liderazgo efectivo requiere la construcción de estos sistemas, porque son el andamiaje invisible que sostiene cada logro visible.

Conclusión: Si no mides, solo te estás engañando

La evaluación no es la parte aburrida del liderazgo. Es la garantía de que no estás desperdiciando el talento ni el tiempo de tu equipo, ni el tuyo propio. Evaluar es como poner una linterna en un camino oscuro; es lo que te ayuda a ver dónde estás pisando y hacia dónde dirigirte. Ser un líder brutalmente honesto contigo y con los demás es lo que te diferencia de los que simplemente «hacen ruido». No se trata solo de ser duro, sino de ser claro, de poner las cartas sobre la mesa para ver qué funciona y qué no. La transparencia en la evaluación crea confianza y la confianza es la base de cualquier equipo exitoso. Recuerda: medir es parte de liderar y liderar es inspirar a otros a ser mejores cada día. Evaluar de manera constante es también un acto de humildad: reconoce que siempre hay espacio para mejorar, que incluso los mejores pueden ajustar sus velas y encontrar una manera más eficiente o eficaz de hacer las cosas.

Así que ve y haz esa evaluación, pero no te limites a una tabla de Excel. Una buena evaluación va más allá de los números; habla, escucha y entiende lo que motiva a tu equipo, cuáles son sus preocupaciones y qué cosas los están reteniendo. Tómate el tiempo de tener esas conversaciones incómodas, pero necesarias, y asegúrate de que cada voz sea escuchada. Haz los ajustes necesarios y no temas a los cambios, ya que es en esos ajustes donde se forjan las verdaderas mejoras. Y cuando las cosas no salgan bien (porque, claro, eso pasará, siempre hay baches en el camino), vuelve a medir, ajusta y sigue adelante con la determinación de aprender de cada tropiezo. Esa resiliencia y esa capacidad de levantarse después de cada caída son lo que te hará ser el líder que tu equipo necesita y, más aún, el líder que realmente deseas ser. La evaluación es un proceso cíclico, y cada vuelta de ese ciclo te debe llevar a un lugar mejor, más sólido y más cohesionado. No subestimes el poder de revisar, ajustar y volver a intentar, porque, al final, ese es el camino del verdadero liderazgo.

Capítulo 12

INNOVAR O MORIR: NO SEAS OTRO FÓSIL CORPORATIVO

«La mayor amenaza para el éxito futuro es el éxito actual».

–John C. Maxwell

Si alguna vez has pensado que puedes quedarte cómodo, que ya lo sabes todo, que puedes relajar los hombros y simplemente dejar que la corriente te lleve... tengo malas noticias para ti: el mundo te va a pasar por encima y ni siquiera te va a pedir disculpas. La innovación no es una opción, es el precio que debes pagar por mantenerte relevante, por ser algo más que un simple dato estadístico en el organigrama de una empresa en decadencia. Innovar es lo que te va a diferenciar del resto, lo que hará que tú y tu equipo no os convirtáis en simples piezas reemplazables en el gran engranaje corporativo. La capacidad de adaptarte, reinventarte y ver oportunidades donde otros solo ven problemas es lo que define al verdadero líder. Si te quedas esperando a que el cambio venga a ti, te va a arrollar y ni siquiera te va a dar un aviso.

Este capítulo no es solo para que te motives a innovar, sino para mostrarte cómo puedes hacerlo, sin quedarte atrapado en el papel del líder que se niega a adaptarse y se convierte, lentamente, en una reliquia inservible. Innovar no es una tarea cómoda ni siempre glamorosa. A veces se trata de tomar decisiones difíciles, de abandonar aquello a lo que te has aferrado durante años porque, aunque funcionaba, ya no lo hace tan bien. Otras veces, es escuchar a aquellos que están en el frente de batalla, a tu equipo, para encontrar nuevas formas de ser más eficientes, creativos y resilientes. La innovación es incómoda, pero también es emocionante, y eso es lo que hace que liderar sea una aventura constante.

Vamos a partir de la premisa básica: cambiar o desaparecer. El liderazgo se trata de guiar en tiempos de incertidumbre, y la única certeza que tienes es que el cambio es inevitable. No se trata solo de adaptarse, sino de abrazar la incertidumbre y encontrar formas de prosperar en medio de ella. Los líderes que sobresalen no son aquellos que evitan el cambio, sino los que lo abrazan, lo moldean y lo usan como un motor de crecimiento. Aprender a innovar no es simplemente un consejo simpático, es el manual de supervivencia que necesitas. Si quieres que tu equipo esté preparado para lo que venga, debes ser el primero en moverte, en demostrar que el cambio no es el enemigo, sino la herramienta más poderosa que tienes a tu disposición.

La innovación: No es ciencia espacial, es pura necesidad

Muchos piensan que innovar significa tener una revelación divina o inventar el próximo iPhone. Mentira. Innovar no es hacer explotar la cabeza de todos cada semana, es ser capaz de encontrar mejores maneras de hacer las cosas que ya haces. Es mantenerte un paso por delante porque entiendes que el mundo se mueve rápido y nadie va a esperar por ti. Innovar no es un gran espectáculo lleno de luces y fuegos artificiales. Es más parecido a una serie de ajustes, pequeñas mejoras que, acumuladas, tienen un impacto significativo a largo plazo. Innovar es mirar más allá de lo obvio, es ver potencial donde otros solo ven rutina, y tener la voluntad de intentar algo diferente, aunque sea pequeño. Cada avance, por minúsculo que parezca, te mantiene siempre un paso por delante.

Toma como ejemplo a Netflix. En los años 2000, Netflix era una empresa que alquilaba DVD por correo. Parecía un negocio sólido, sin embargo, el CEO Reed Hastings no se conformó. Entendió que la innovación debía ser continua y decidió apostar por la transmisión en línea antes de que fuera popular. Fue una pequeña decisión a simple vista, pero el resultado cambió la industria del entretenimiento por completo. Lo mismo sucedió cuando Netflix pasó de ser solo una plataforma de *streaming* a crear su propio contenido. Hastings comprendió que quedarse quieto era la receta para el fracaso. La innovación continua, paso a paso, fue lo que llevó a Netflix de ser una simple empresa de alquiler de DVD a un gigante del entretenimiento.

Toma la mejora continua como un ejemplo. No se trata de revolucionar tu equipo cada cinco minutos, sino de observar lo que funciona y lo que no, e iterar, cada vez mejor, cada vez más cerca del punto óptimo. Mejorar es un proceso continuo, no algo que sucede de la noche a la mañana. Es saber que el progreso se construye sobre los pasos pequeños y consistentes, más que en los grandes saltos. Si esperas a tener una «gran idea», probablemente ya estés muy atrasado. Las grandes ideas no suelen caer del cielo, se forman a partir de pequeños experimentos, de intentos fallidos y del aprendizaje constante. A veces, innovar significa darle la vuelta a algo que parece trivial y darle un significado nuevo para tu equipo, una nueva manera de enfrentar un desafío cotidiano o encontrar una solución más sencilla a un problema que siempre ha estado ahí. Esta habilidad para encontrar mejoras en lo que otros consideran obvio es una de las características fundamentales de los líderes que realmente sobresalen.

No te dejes engañar por la idea de que la innovación es cuestión de inspiración repentina. Es, en realidad, un trabajo diario de observación, cuestionamiento y mejora. Innovar es aceptar que las cosas siempre se pueden hacer de una mejor manera y comprometerte a buscar esa forma. Significa no conformarse con el *statu quo* y retar constantemente los límites de lo que haces. Busca siempre mejorar, incluso cuando todo parece estar bien, porque esa es la verdadera diferencia entre liderar o simplemente administrar lo que tienes. Recuerda: la innovación empieza en los pequeños detalles y los detalles marcan la diferencia.

El cambio como amigo: Deja de temerle a lo desconocido

¿Te aterra la idea de cambiar las reglas del juego? Pues debería, pero no de la manera en que estás pensando. El cambio es tu aliado. Si no eres tú quien lo provoca, alguien más lo hará. Y tú te quedarás observando desde la orilla cómo los demás avanzan mientras intentas justificarte diciendo: «Siempre lo hemos hecho así». Pero en el liderazgo, la complacencia es el enemigo número uno. No puedes darte el lujo de quedarte quieto, porque el cambio es lo único constante, y si no te adelantas a él, te arrastrará sin piedad.

Pensemos en el caso de Blockbuster. En los años 90, Blockbuster era la reina indiscutible del alquiler de películas. Sin embargo, cuando llegó la oportunidad de evolucionar y apostar por el *streaming*, la compañía decidió quedarse con su viejo modelo de negocio, confiada en que su posición era inamovible. Sabemos cómo terminó esa historia: mientras Blockbuster desaparecía, Netflix abrazaba el cambio y la innovación. Netflix vio lo que otros no quisieron ver y eso marcó la diferencia entre la relevancia y la obsolescencia. Este ejemplo no solo ilustra la importancia de adaptarse, sino también de liderar el cambio en lugar de resistirse a él.

Ser un líder innovador implica desarrollar un sentido agudo de cuándo es momento de romper las viejas reglas. No se trata de innovar por innovar, sino de saber cuándo algo ya no sirve y tener el valor de reemplazarlo. Puede que sea incómodo, pero ahí es donde radica la grandeza. No es casualidad que los mejores líderes de la historia sean también aquellos que se han atrevido a desafiar lo establecido, los que vieron el mundo de manera diferente y se atrevieron a romper moldes. ¡Nadie recuerda a quien solo siguió el manual! Los que hicieron historia fueron aquellos que, en lugar de conformarse con lo que ya funcionaba, buscaron constantemente mejorar, ajustar y cambiar el curso cuando era necesario. Esa es la clase de líder que quieres ser: el que no teme cuestionar, el que sabe que la verdadera innovación comienza cuando te atreves a desafiar lo que otros dan por sentado.

La mejora continua no es opcional

La mejora continua debe convertirse en una obsesión para ti. No esperes a que las cosas salgan mal para pensar en cómo hacerlo mejor. Ese enfoque reactivo no es liderazgo, es pura supervivencia. Los líderes que sobresalen son aquellos que, incluso cuando todo va bien, están buscando el próximo punto de optimización. La complacencia es el enemigo. La mejora continua no es solo un ideal, es una práctica diaria que requiere disciplina y un compromiso férreo con la excelencia. Recuerda: el progreso verdadero no se logra en los momentos de crisis, sino en los momentos de calma, cuando puedes analizar cada detalle con objetividad y sin la presión de una emergencia. Es en esos momentos cuando puedes hacer cambios estratégicos que, a largo plazo, marcarán la diferencia entre simplemente sobrevivir o prosperar.

Hazte estas preguntas todos los días: «¿Qué podría funcionar mejor? ¿Qué aspecto de mi equipo o mi operativa se puede simplificar? ¿Qué cosas, pequeñas o grandes, podrían marcar la diferencia en cómo trabajamos? ¿Estoy mirando cada proceso con una mente abierta o me estoy conformando con lo que parece ser suficiente?». Y sí, quizá te parezca cansado. Pero tú no estás aquí para descansar, estás para liderar, y liderar bien. Liderar bien significa estar dispuesto a observar cada engranaje de la máquina y ver cómo puede mejorarse, incluso cuando parece que todo marcha sin problemas. La innovación verdadera surge cuando decides no conformarte nunca y sigues empujando hacia adelante, aunque parezca innecesario o agotador.

Los líderes efectivos entienden que cada día es una oportunidad para aprender y mejorar: «¿Cómo puedes reducir la burocracia en tu equipo? ¿Qué procedimientos están ralentizando los resultados y cómo puedes cambiarlos? ¿Hay nuevas herramientas o tecnologías que podrían ayudar a automatizar tareas repetitivas y permitir que tu equipo se enfoque en tareas más estratégicas?». No subestimes el poder de los pequeños cambios. Una mejora aparentemente insignificante puede, con el tiempo, llevar a resultados exponenciales. La clave está en tener siempre presente esa actitud de curiosidad constante, una mentalidad que te lleve a cuestionar cada aspecto de lo que haces.

Otra pregunta clave que debes hacerte es: ¿Estoy escuchando a mi equipo lo suficiente? Los miembros de tu equipo, quienes están en el campo de batalla día tras día, a menudo, tienen las mejores ideas para mejorar procesos y generar innovación. Involúcralos en el proceso de mejora continua. No solo te proporcionarán valiosos puntos de vista, sino que también estarán más motivados y comprometidos cuando sientan que sus opiniones son valoradas y tenidas en cuenta. La mejora continua, entonces, no solo se trata de procesos y herramientas, sino también de personas y de cómo crear una cultura de mejora en todo tu equipo.

Y recuerda: la complacencia no solo es tu enemiga, es el enemigo de la innovación. Mantén la energía alta y continúa buscando esos puntos de optimización, incluso si parecen pequeños. Son estos ajustes los que a la larga separarán a un buen líder de un líder excepcional. El liderazgo no es un esprint, es una maratón de constante adaptación, evaluación y mejora. Cada día, cada semana, cada mes, es una oportunidad para optimizar y hacer crecer no solo a tu equipo, sino también a ti mismo como líder.

Ejercicio: Diseña tu Plan Personal para ser un líder imparable

Para convertirte en un líder imparable, necesitas un plan. No, no estamos hablando de un plan de negocios o de una lista de deseos. Necesitas un mapa claro sobre cómo vas a mantenerte relevante y desafiar el *statu quo*. Un verdadero líder no se convierte en imparable de la noche a la mañana, sino que crea un camino, un sistema que lo mantiene en constante evolución y lo guía en los momentos difíciles. Este plan debe ser dinámico, flexible y estar siempre enfocado en la mejora continua. Es hora de diseñar ese plan con intención y disciplina.

1. *Autoevaluación brutal*: Primero, haz una autoevaluación honesta sobre dónde estás. ¿Qué aspectos de tu estilo de liderazgo se han vuelto obsoletos? ¿Hay métodos que utilizas que ya no funcionan tan bien como antes? El primer paso para evolucionar es reconocer que siempre puedes mejorar. No es fácil admitir nuestras debilidades, pero hacerlo es clave para avanzar. Escribe en un diario los aspectos que consideras obsoletos en tu liderazgo y trabaja en ellos diariamente. Pregunta a tu equipo: ¿Qué podría hacer mejor? ¿En qué áreas puedo aportar más valor? Recibir retroalimentación es una herramienta poderosa, aunque, a veces, incómoda.

2. *Conéctate con lo nuevo*: Busca al menos tres fuentes distintas (libros, artículos, cursos) que te desafíen a pensar diferente. La innovación no pasa en un vacío, necesitas exponerte a nuevas ideas para alimentar tu propio arsenal de cambio. Podrían ser libros sobre negocios, biografías de líderes disruptivos, o incluso charlas de disciplinas completamente diferentes a la tuya. La clave está en alimentar tu mente con diferentes perspectivas. Expande tus horizontes; incluso una conversación casual con alguien fuera de tu industria puede brindarte una nueva perspectiva. Organiza debates mensuales con tu equipo basados en artículos o libros que desafíen el *statu quo*, esto no solo enriquece tu conocimiento, sino también el de todos los que te rodean.
3. *Compromiso de innovación semanal*: Establece un compromiso contigo mismo para probar al menos una idea nueva cada semana. No tiene que ser gigantesca, ni siquiera tienes que implementarla si no funciona. Pero mantente en movimiento y, sobre todo, sigue observando qué cambios generan resultados. Puedes probar nuevas formas de dirigir reuniones, nuevos métodos de comunicación o hasta una dinámica distinta para resolver problemas. Anota los resultados y evalúa si la idea funcionó o si necesitas modificarla. La inno-

vación no siempre implica éxito inmediato, sino aprendizaje continuo. Mantén un registro de cada idea que pruebas, escribe qué resultados obtuviste y qué aprendiste. A veces, la verdadera victoria no está en la implementación perfecta, sino en los ajustes y mejoras que surgen después. Además, comparte este compromiso con tu equipo: involúcralos, permite que también sugieran ideas a probar semanalmente y celebren juntos los éxitos y aprendizajes que generen.

Innovar no significa estar solo: Aprovecha el talento de tu equipo

A veces, como líder, caemos en la trampa de pensar que tenemos que hacerlo todo solos, ser los únicos visionarios. Pero la realidad es que, si tienes un equipo, posees una fuente inagotable de ideas que esperan ser descubiertas. Innovar también significa aprender a aprovechar la creatividad y la inteligencia colectiva de quienes te rodean. Tus colaboradores tienen perspectivas diferentes y habilidades que tú no necesariamente posees, y es precisamente esa diversidad lo que convierte a un equipo en un semillero de innovación. Escuchar, observar y animar a tu equipo a compartir sus ideas puede revelar soluciones que nunca habrías encontrado solo.

El liderazgo colaborativo implica tener la humildad suficiente para reconocer que las mejores ideas no siempre vendrán de ti. Involucra a tu equipo en los procesos de toma de decisiones y permíteles asumir responsabilidades en la ejecución de nuevas ideas. De esta manera, no solo aprovechas su creatividad, sino que también fortaleces la confianza y el compromiso dentro del equipo. Además, fomenta sesiones regulares de *brainstorming* donde cualquier miembro, sin importar su rol o nivel, pueda contribuir. Este tipo de dinámicas no solo genera ideas innovadoras, sino que también crea un ambiente donde todos se sienten parte activa del crecimiento y el éxito del equipo.

Deja de tratar de llevarte el crédito individual por cada idea innovadora y empieza a fomentar una cultura donde todos puedan contribuir y sentirse valorados por ello. Dales el espacio para desafiar el *statu quo* y celebra cada pequeña victoria de innovación, ya sea de ellos o tuya. Eso no solo hace que las buenas ideas crezcan, también te posiciona como un líder que realmente entiende cómo funciona el cambio. Reconoce públicamente los esfuerzos y logros de tu equipo, y no dudes en otorgar créditos a quienes se lo merecen. Cuando un equipo siente que sus aportes son valorados, se fortalece la motivación y la disposición a seguir proponiendo nuevas ideas. Esto no solo mantiene el motor de la innovación encendido, sino que también crea un ciclo positivo donde cada pequeña victoria impulsa el deseo de buscar la siguiente.

Además, aprovecha las reuniones de seguimiento para discutir qué innovaciones han funcionado y cuáles no, y qué lecciones se pueden aprender de cada experiencia. No temas a los fracasos; ellos son parte esencial del proceso de innovación. Celebra los intentos fallidos de la misma manera que celebras los éxitos, ya que cada fallo es una oportunidad para aprender y crecer. Al promover esta mentalidad, estás enseñando a tu equipo que el fracaso es solo una etapa más del camino hacia el éxito. Crear una cultura que no solo tolere, sino que valore el intento y el aprendizaje, independientemente del resultado, es clave para el crecimiento y la innovación sostenida.

La resistencia al cambio: ¡Rompe con las excusas!

La resistencia al cambio es lo que ha matado a cientos de empresas y proyectos brillantes. Es esa voz que te dice: «Todo está bien, ¿para qué cambiar?», la que te hace pensar que el riesgo de innovar es demasiado grande. Es la misma voz que, irónicamente, suele tener la razón de tu eventual fracaso. Esa resistencia no solo está en las grandes decisiones estratégicas, también se infiltra en los pequeños detalles del día a día: en ese proceso que seguimos porque siempre ha sido así, en ese hábito que nadie cuestiona porque parece demasiado pequeño para importar. Pero la verdad es que, cuando juntas muchas pequeñas resistencias, terminas con una cultura que se niega a avanzar, una cultura estancada que impide cualquier posibilidad de innovación real.

Así que rompe con «los excusadores». Rompe con esas creencias limitantes que dicen que las cosas deben ser de una sola manera. Pregunta: ¿qué pasa si cambiamos? ¿Qué podríamos ganar? No dejes que las ideas mueran porque son difíciles o porque la primera vez no funcionaron. No olvides que las mejores ideas, esas que realmente transforman, suelen requerir más de un intento. La innovación es también aprender del error, dar un paso hacia atrás si es necesario, y seguir empujando hacia adelante. Cada fracaso no es más que una señal de que estás intentando algo nuevo. Piensa en el fracaso como una oportunidad de crecimiento, una señal de que estás explorando nuevas posibilidades.

Si realmente quieres ser un líder que impulsa el cambio, necesitas desarrollar una resistencia a la comodidad y un apetito por lo desconocido. El cambio no siempre será cómodo, pero es el único camino hacia el crecimiento sostenido. Deja de ver los obstáculos como frenos y empieza a verlos como desafíos que deben ser superados. Cuando te enfrentes a la resistencia, ya sea interna o externa, reconoce que es parte del proceso y que el valor radica en cómo reaccionas a ella. Insiste, persiste y, sobre todo, ten la mentalidad de aprender en cada paso. Recuerda: la innovación no es una línea recta, es un camino lleno de curvas, retrocesos y desvíos, pero cada uno de esos giros te lleva más cerca de tu objetivo final.

Cierre: La innovación es la llave para la relevancia continua

Ser un líder innovador no es un título que te ganas una sola vez. Es un rol que se redefine cada día. No se trata de liderar hoy y dormirte sobre los laureles mañana. Es un trabajo diario, una serie de pasos deliberados que te mantienen relevante, efectivo y, lo más importante, motivado. Ser un líder significa estar siempre dispuesto a cuestionar tu propia forma de actuar, incluso cuando las cosas parecen ir bien. No se trata de lograr el éxito una vez y luego confiar en que todo seguirá igual, sino de comprender que la innovación es la única constante que asegura la relevancia continua. Cada día es una oportunidad para repensar cómo estás haciendo las cosas y para identificar áreas donde puedas mejorar, aunque sea solo un poco. La complacencia no tiene lugar en el liderazgo; cada paso cuenta y cada acción puede marcar una gran diferencia a largo plazo.

Liderar es también aprender constantemente. La curiosidad es una de las cualidades más importantes de un líder que desea mantenerse a la vanguardia. Nunca debes perder esa hambre de aprender algo nuevo, ya sea de tu industria o incluso de disciplinas completamente distintas que puedan inspirar un cambio en tu enfoque. Lee libros, asiste a conferencias, habla con personas fuera de tu círculo habitual. La innovación no ocurre en el vacío, sino que surge del contacto constante con nuevas ideas, con perspectivas frescas y con la disposición de aplicarlas de forma creativa a tu realidad. Y no temas equivocarte; cada error que cometas es una oportunidad para aprender y para crecer.

Recuerda, el éxito de hoy es la mayor amenaza para tu éxito futuro, como dijo Maxwell, «Innovar o morir». Mantente en movimiento, desafía las normas y asegúrate de no convertirte en ese fósil corporativo al que todos miran y piensan: «¿Qué diablos le pasó?». Mantente cuestionando y no te permitas el lujo de pensar que lo sabes todo. Asegúrate de rodearte de personas que también estén comprometidas con esta mentalidad de crecimiento continuo. Un equipo que comparte tu visión y que está igualmente dispuesto a desafiar el *statu quo* es fundamental para mantener la innovación viva en todos los niveles de la organización. No se trata solo de ser un líder innovador tú mismo, sino de fomentar un ambiente donde cada miembro del equipo se sienta empoderado para aportar nuevas ideas y donde el cambio no sea solo bienvenido, sino necesario. La innovación es la llave para la relevancia continua y un liderazgo fuerte consiste en asegurar que cada día cuente para mantenerse adelante, y no solo seguir el ritmo, sino establecerlo.

Ejercicio: Acciones para convertirte en un líder innovador

- *Esquema de innovación semanal*: Desarrolla un plan semanal donde incluyas una idea o práctica innovadora a probar. Asegúrate de que estas ideas sean específicas y alcanzables. Además, establece un momento cada semana para evaluar la efectividad de la idea implementada y decidir si debe ser ajustada o adoptada de manera permanente. Este enfoque te ayudará a fomentar una cultura de mejora constante, donde siempre hay algo nuevo que intentar y evaluar.
- *Diario de innovación*: Lleva un registro detallado de tus intentos de innovación, qué funcionó, qué no funcionó y por qué. Anota también las lecciones aprendi-

das de cada intento, incluso si fracasó. Aprende de cada uno de tus fracasos y éxitos para construir sobre ellos. Utiliza este diario para detectar patrones a lo largo del tiempo y entender mejor qué tipos de innovación son más efectivos para tu contexto. Este registro también puede servir como una fuente de inspiración para futuros proyectos.

- *Involucra a tu equipo*: Busca al menos una idea de cambio o mejora que provenga de tu equipo cada semana. Establece reuniones o sesiones de *brainstorming* donde el equipo se sienta cómodo proponiendo cambios y mejoras. Fomenta un ambiente donde todos se sientan escuchados y valorados, y asegúrate de implementar las ideas que tengan potencial. Además, reconoce públicamente las contribuciones de cada miembro, destacando cómo sus ideas han impactado positivamente al equipo o al proyecto. De esta manera, estarás creando una cultura de innovación colaborativa donde todos se sienten parte del cambio y comprometidos con el éxito colectivo.

Conclusiones

SI TE LO TOMAS COMO ALGO PERSONAL, NO HAS APRENDIDO NADA

«No dejes que el miedo al fracaso te paralice. En la vida no se trata de cuántas veces caes, sino de cuántas te levantas con una sonrisa y sigues adelante».

– Nelson Mandela

¡Llegaste al final, enhorabuena, guerrero! Te has tragado un buen viaje a través de las colinas y valles del liderazgo, y, si lo has hecho bien, deberías sentirte un poco diferente a cómo empezaste. Has pasado por altibajos, por momentos en los que querías mandar todo al carajo y por otros en los que te diste cuenta de que estabas logrando un verdadero cambio. No voy a endulzar esto: ser un líder no es un paseo por el parque, ni un rol de superhéroe para Instagram. No hay filtros bonitos para las decisiones difíciles, ni *likes* instantáneos para las noches de insomnio por culpa de los problemas de tu equipo. Es un camino pedregoso, lleno de decisiones que van a desafiar tu paciencia, tu empatía y hasta tu cordura. Es aceptar que no siempre serás el héroe del día, pero sí el que carga con el peso cuando nadie más lo hace. Y si aún estás aquí, leyendo estas líneas, quiere decir que te ha picado ese bicho de ser más, de ser líder, aunque ello implique alguna que otra colleja emocional en el proceso, y eso ya es una gran victoria. No muchos llegan tan lejos.

Este libro no es simplemente un manual para que sepas qué hacer; es un recordatorio constante de que el liderazgo se trata de actuar cuando más cuesta, de ser la mano firme y la sonrisa honesta, aunque por dentro te estés desmoronando. Si sigues aquí, es porque estás dispuesto a asumir esa responsabilidad, a desafiar tus propias limitaciones y a seguir construyendo, incluso cuando todo parece derrumbarse. Recuerda que el verdadero liderazgo no se ve en los días soleados, sino en aquellos momentos en los que la tormenta amenaza con llevarse todo por delante. Ahí es donde el verdadero líder se forja, y tú, con todas tus dudas y miedos, estás en ese camino.

Así que respira hondo, acepta las incertidumbres y sigue adelante. Liderar no es solo dar órdenes o tener el control absoluto; es aprender, adaptarse y, muchas veces, fracasar con la cabeza alta para luego levantarse. Tienes permiso para caer, pero nunca para rendirte. Acepta cada fallo como parte del proceso, como una lección que te hará más fuerte y más sabio. Si llegaste hasta aquí, es porque estás dispuesto a abrazar todo lo que conlleva ser un líder: lo bueno, lo malo y todo lo que hay en medio. Sigue adelante, porque lo mejor está por llegar.

En este capítulo final, vamos a cerrar con una verdad simple, pero fundamental: ser líder es un viaje, y si cada crítica, cada fallo o cada obstáculo lo tomas como una afrenta personal, nunca llegarás a donde quieres ir. Ser líder es enfrentarse a lo incómodo, a lo que duele, y transformarlo en una oportunidad para crecer. El liderazgo es un proceso continuo, donde los tropiezos no son opciones, son garantías. Cada vez que tropiezas, tienes la oportunidad de aprender algo que te hará más resiliente, más preparado para lo que venga. No es que los buenos líderes nunca caigan; es que siempre se levantan y se aseguran de no tropezar dos veces con la misma piedra.

No se trata de ser perfecto; se trata de ser mejor. Mejor cada día, mejor para ti, para tu equipo y para la misión que estás persiguiendo. Se trata de avanzar incluso cuando sientes que no puedes más, de poner un pie delante del otro cuando el camino se pone cuesta arriba. Y si cada momento difícil te llena de amargura y resentimiento, entonces te vas a convertir justo en lo que hemos evitado desde la primera página: ese jefe que nadie respeta, porque está demasiado ocupado en su propio ego. Ese que olvida que el liderazgo no va sobre él, sino sobre aquellos a los que sirve. Así que elige, una y otra vez, ser ese líder que inspira, que se atreve a mostrar vulnerabilidad y que encuentra fuerzas en sus fallos para ser mejor. Porque la perfección es un mito, pero la mejora constante es una realidad que puedes abrazar todos los días.

La humildad como llave para liderar

Liderar requiere una humildad brutal. Esto no significa ser un mártir ni bajar la cabeza en silencio, significa aceptar que hay personas en tu equipo que van a ser mejores que tú en algo. Y ¿qué? ¿No es eso lo que querías? Rodearte de los mejores, aquellos que pueden aportar más de lo que tú podrías solo. La humildad te permite crecer y también dar espacio a otros para que florezcan. Reconocer la grandeza de otros no te hace menos, al contrario, te convierte en un líder más fuerte y consciente. Cuando aceptas que no siempre tendrás la última palabra, se abren oportunidades para encontrar soluciones más creativas y enriquecedoras, y se fortalece el vínculo de confianza con tu equipo. Esta es la verdadera magia del liderazgo humilde: la capacidad de escuchar, de valorar lo que cada miembro tiene para ofrecer y de actuar en consecuencia, sin dejar que el orgullo se interponga.

La humildad también significa tener la capacidad de reconocer cuándo necesitas ayuda y cuándo necesitas dar un paso atrás para que alguien más brille. Esto no siempre es fácil, sobre todo, cuando el ego nos empuja a querer ser los héroes de la historia. Pero el verdadero liderazgo no se trata de héroes solitarios, sino de héroes colectivos. Cada vez que permites que otro miembro del equipo dé un paso adelante y sea el protagonista, estás creando un entorno de crecimiento continuo. Estás cultivando un espacio donde todos se sienten valorados y donde cada uno entiende que su contribución es fundamental para el éxito colectivo.

Como líder, tu ego está destinado a tambalearse, pero la humildad lo convierte en una herramienta para guiar, no una barrera para aprender. No es fácil. Requiere mucha valentía aceptar las críticas y asumir nuestros propios errores sin caer en el victimismo. Aprende a aceptar tus fallos y utiliza la crítica como un motor para ajustar el rumbo. La crítica, cuando se aborda desde la humildad, se convierte en una fuente inagotable de mejora. No te lo tomes como algo personal; recuerda: el liderazgo va mucho más allá de ti. Va sobre la gente que decides liderar. El liderazgo es acerca de servir, de ser el pilar que sostiene cuando otros flaquean, de proporcionar la dirección necesaria, incluso si eso significa admitir que hay mejores formas de hacer las cosas que las que inicialmente pensabas.

Y recuerda: la humildad no se trata solo de aceptar errores; se trata también de celebrar los éxitos de los demás como si fueran los tuyos. Cuando alguien de tu equipo logra algo significativo, celébralo sin reservas. Haz que cada miembro de tu equipo sienta que su éxito es también un triunfo colectivo. Al fin y al cabo, tu papel como líder es construir un ambiente donde cada persona pueda dar lo mejor de sí misma, donde se sientan seguros para intentar, para equivocarse y para tener éxito sin miedo. La humildad es el pegamento que une a un equipo. Sin ella, por muy capacitado que seas, nunca llegarás tan lejos como podrías. Así que abraza la humildad y permítete ser el tipo de líder que inspira no por ser perfecto, sino por ser genuino y abierto al aprendizaje continuo.

Compromiso a largo plazo: Sin varitas mágicas

Si esperabas una receta rápida o una varita mágica, siento decepcionarte, pero el liderazgo es pura persistencia. No existen los atajos ni las soluciones fáciles. Lo que sí existe es el compromiso diario, ese que requiere levantarte cada mañana dispuesto a ser mejor, incluso cuando el cuerpo te pida tirar la toalla. No se trata de grandes discursos inspiracionales de película, ni de liderar con poses heroicas bajo la lluvia; el verdadero liderazgo se encuentra en los detalles del día a día, en los pequeños gestos que parecen insignificantes, pero que tienen el poder de transformar. El liderazgo que transforma de verdad viene de esos momentos pequeños: ser consistente, ser honesto y estar dispuesto a meterse en el barro cuando las cosas se ponen feas, a arremangarse cuando todos los demás se rinden y a ser la luz cuando todo parece oscuridad. Es saber que el camino no será fácil, que habrá días malos y, aun así, elegir seguir adelante porque sabes que el propósito vale la pena.

Estás construyendo algo que puede cambiar vidas y eso no es cualquier cosa. Así que si eres de los que se queman por la primera crítica o de los que echan a correr ante el primer contratiempo, te recomiendo otro pasatiempo. Aquí no hay espacio para las excusas ni para el dramatismo. El liderazgo no es para los de piel fina, sino para aquellos que son capaces de ver a largo plazo, de encontrar sentido en los desafíos y de inspirar a otros a hacer lo mismo. Se trata de levantarse después de cada caída, de aprender de cada error y de seguir hacia adelante con la misma determinación, incluso cuando el viento sopla en tu contra. Porque la verdadera magia del liderazgo está en la capacidad de perseverar, de mantener la visión clara aun cuando todo parece conspirar en tu contra.

Ser un buen líder implica, además, ser un ejemplo de resiliencia para aquellos que te rodean. Es enseñar a tu equipo que cada obstáculo es una oportunidad para aprender, que cada crítica puede ser un regalo disfrazado si sabemos escuchar con humildad. Y, más importante aún, es mostrar que el liderazgo no es un estado fijo, sino un proceso de transformación continua. Que todos los días estamos en el taller, puliendo nuestras habilidades, reforzando nuestras convicciones y tratando de ser una mejor versión de nosotros mismos.

Los atajos no existen, y si creías que había una forma fácil de liderar, siento romper tu burbuja. El liderazgo requiere arremangarse, ensuciarse las manos y estar dispuesto a fallar y aprender. Requiere tener un propósito más grande que tu propio ego, un propósito que valga cada lágrima, cada noche sin dormir y cada vez que te sientas tentado a rendirte. Es la capacidad de mirar hacia el futuro y ver lo que nadie más ve, de mantenerte firme cuando otros se tambalean y de ser un faro en la oscuridad para quienes necesitan una guía.

Así que sigue, incluso cuando parezca imposible. Tienes un propósito y un equipo que necesita que sigas adelante. El liderazgo es una prueba de resistencia, no de velocidad, y cada día que eliges persistir, estás ganando. Inspira a otros a hacer lo mismo, no con palabras grandilocuentes, sino con tus acciones diarias, con tu determinación de no rendirte nunca. Eso es lo que te hará un verdadero líder.

Abrazar el caos y disfrutar del proceso

No es casualidad que haya llamado a este libro *Trae, que ya lo hago yo, idiota*. El liderazgo, en muchas ocasiones, es literalmente eso: tomar la iniciativa cuando todo el mundo está demasiado abrumado para moverse. Es ponerse de pie cuando todos están paralizados, es decir «yo me encargo» cuando nadie quiere asumir el riesgo. Pero también significa aprender a soltar y dejar que el equipo brille sin ti. Aprender que el caos es parte del proceso y que, en realidad, es en ese desorden donde nacen las mejores ideas. El caos no es algo a lo que debas temer; es un estado natural en el que la innovación florece. Cuando aprendes a bailar con el caos, a moverte con las incertidumbres y las dudas, es cuando te das cuenta de que el liderazgo no se trata de controlar todo, sino de navegar las aguas turbulentas con confianza y propósito.

Parte de ser un buen líder es también saber cuándo dar un paso atrás. Tu rol no siempre es el de estar al frente, a veces es ser el que observa, el que da la libertad necesaria para que los demás se desarrollen. Aprender a soltar no es un signo de debilidad, es una muestra de confianza, tanto en tu equipo como en ti mismo. Si intentas hacerlo todo, no solo te quemarás, sino que también limitarás el potencial de quienes están a tu alrededor. Liderar significa también soltar las riendas en el momento adecuado y confiar en que has preparado bien a tu equipo para asumir responsabilidades. El crecimiento real, tanto para ti como para ellos, ocurre en esos momentos de incertidumbre en los que permites que otros tomen la batuta.

A fin de cuentas, ser líder también es aprender a disfrutar del proceso, por más desordenado y complicado que sea. Esto significa reírte de los errores, incluso de los tuyos; significa celebrar cada pequeña victoria, aunque parezca insignificante; significa abrazar a tu equipo cuando estén al borde de un ataque de nervios y también darles un empujón cuando están demasiado cómodos. Cada error es una lección, cada victoria es una oportunidad para crecer. Liderar es un privilegio y un reto constante. Si no te diviertes mientras lo haces, estás haciendo algo mal. Si no encuentras el humor en los momentos difíciles, si no aprendes a reírte de ti mismo y de los tropiezos del camino, el liderazgo se convertirá en una carga pesada y agotadora. Debes encontrar la manera de disfrutar de cada paso, de encontrar satisfacción no solo en los grandes logros, sino en el progreso diario, en las pequeñas mejoras que se van acumulando con el tiempo.

El liderazgo también va sobre crear un ambiente donde todos puedan disfrutar del trabajo, donde haya espacio para la creatividad, el error y la mejora. Si no te estás divirtiendo, es probable que tu equipo tampoco lo esté haciendo. Y un equipo que no se divierte, que no encuentra satisfacción en lo que hace, es un equipo que se desmorona con el tiempo. Asegúrate de que haya risas, de que haya celebración y de que haya conexión humana. El trabajo puede ser duro, pero eso no significa que deba ser miserable. Un líder que sabe disfrutar del proceso es un líder que inspira a su equipo a hacer lo mismo. La energía que transmites como líder se refleja en tu equipo: si te apasiona, si disfrutas, si te ríes, ellos también lo harán.

Así que, sí, toma la iniciativa, da ejemplo, pero no olvides soltar, confiar y disfrutar. La verdadera medida del éxito en el liderazgo no es solo lo que logras, sino cómo lo logras y cómo haces sentir a los que te rodean mientras lo hacen. En definitiva, se trata de ser el tipo de líder que no solo alcanza objetivos, sino que también crea un camino memorable, lleno de aprendizajes, desafíos y, sí, también muchas risas.

El viaje nunca termina

Este es el final de estas páginas, pero no del viaje. Porque, ¿sabes qué?, el liderazgo no es un destino al que se llega. Es un camino que se recorre, una y otra vez, un sendero lleno de bifurcaciones donde cada decisión, cada paso, define no solo quién eres, sino también quiénes serán aquellos que te siguen. No estás aquí para cumplir con un *checklist* ni para acumular insignias de «líder perfecto». Estás aquí para cambiar las cosas, para desafiarte a ti mismo y para hacer que cada persona de tu equipo también pueda ser mejor. Estás aquí para inspirar, para ser el ejemplo, incluso cuando todo parece un caos. El liderazgo es una búsqueda constante, una travesía sin final claro, donde la recompensa no se encuentra en el destino, sino en el crecimiento, en el impacto que dejas en cada persona que se cruza en tu camino.

Así que no te detengas aquí. Cada desafío, cada fracaso, cada pequeña victoria, todos son escalones en una escalera que no tiene techo. Sigue practicando. Sigue equivocándote y aprendiendo, sigue cayendo y levantándote con más fuerza. Sigue siendo ese líder que da collejas, pero también esos abrazos que necesitan tus compañeros. Sé ese que está ahí cuando las cosas se ponen feas, el que tiene la capacidad de sonreír cuando las circunstancias parecen complicarse. Conviértete en esa versión de ti mismo que sabe que el éxito es un proyecto compartido, no una condecoración individual. Tu éxito es el reflejo del éxito de tu equipo y cada paso que das con ellos se convierte en un logro que los fortalece a todos.

Liderar no es para aquellos que buscan el reconocimiento personal; es para quienes encuentran satisfacción en el logro colectivo, en la construcción de un propósito más grande que uno mismo. Así que lidera con pasión, lidera con empatía, pero, sobre todo, lidera con el convencimiento de que el camino que recorres es el que hará que tu equipo también quiera seguir avanzando. Cada error es una oportunidad, cada tropiezo es una enseñanza. Si decides no detenerte, si decides seguir creciendo y mejorando, entonces ya eres el líder que tu equipo necesita.

¡Adelante, lidera tu mundo como la persona genial que estás destinada a ser! Hazlo con valentía, hazlo con determinación y, sobre todo, hazlo con la certeza de que este viaje nunca termina, porque siempre habrá nuevas montañas que escalar, nuevos retos a los que enfrentarse y nuevas oportunidades para ser el mejor líder que puedas.

AGRADECIMIENTOS

Muchas gracias al lector por haber comprado este libro. Espero que hayas encontrado algo de valor y que te ayude a pensar y a tomar decisiones que mejoren tu entorno.

Gracias a mi brillante y preciosa compañera en la vida, Denisse, por su apoyo incondicional e incansable. Conocerla ha sido lo mejor que me ha ocurrido jamás.

A mi padre, Julio, por traspasarme todos sus valores junto al material genético, y por enseñarme que siempre se puede mejorar y a soñar a lo grande e intentarlo.

A mi madre, M.ª Ángeles, por su amor incondicional, por todos sus sacrificios y por enseñarme a valorar las cosas que tengo.

A mis hermanas, Sandra y Antolena, por todos esos buenos momentos en los que aprendíamos juntos a trabajar en equipo.

A mis familiares y amigos, por sus muestras de cariño y apoyo constantes. En especial, a mi amigo de la infancia, Juan Antonio. Es maravilloso seguir disfrutando juntos tantos años después.

A las personas que me han ayudado e inspirado en los momentos más difíciles: Vicens Castellano, Álex Rovira, Victor Küppers, Jordi Puente, Juan Marín Pozo, Mario Alonso Puig, Walter Riso y David del Rosario. Gracias a todos por atender amablemente a ese tipo insistente que os asaltaba buscando respuestas.

A todas las organizaciones con las que he colaborado o colaboro y que me han ayudado y me ayudan en mi crecimiento profesional.

A mis compañeros de trabajo y de profesión, por su paciencia para aguantar mi perfeccionismo y por su talento para saciarlo. Es un orgullo batallar a vuestro lado.

A Planeta y a Espasa por darme la oportunidad de comunicar mis ideas en un libro.

A Ana Lafuente y Sara Torrico, mis editoras en Espasa, que desde el principio creyeron en el proyecto y con enorme pasión hicieron de él una realidad.

A todos y cada uno de los profesionales que forman el fantástico equipo de Planeta. Gracias a su trabajo este libro tiene, sin duda, un alcance mayor al imaginado jamás por el autor.

Y, cómo no, a todos los jefes que he tenido a lo largo de todos estos años. A los buenos por inspirarme. Pero, sobre todo, a los malos. Gracias por mostrarme la realidad y empujarme a construir mi propia concepción de este tipo de relaciones.